मैं प्रेमचंद बोल रहा हूँ

मैं प्रेमचंद बोल रहा हूँ

सं. राजस्वी

प्रभात पेपरबैक्स
www.prabhatbooks.com

प्रकाशक
प्रभात पेपरबैक्स
4/19 आसफ अली रोड, नई दिल्ली–110002
फोन : 23289555 • 23289666 • 23289777 ❖ फैक्स : 23253233
इ–मेल : prabhatbooks@gmail.com ❖ वेब ठिकाना : www.prabhatbooks.com

संस्करण
प्रथम, 2015

मूल्य
एक सौ पच्चीस रुपए

अ.मा.पु.स. 978-93-5186-462-2

मुद्रक
आर–टेक ऑफसेट प्रिंटर्स, दिल्ली

MAIN PREMCHAND BOL RAHA HOON
Ed. Rajasvi

Published by **PRABHAT PAPERBACKS**
4/19 Asaf Ali Road, New Delhi-110002

ISBN 978-93-5186-462-2

₹ 125.00

दो शब्द

कालजयी साहित्यकार मुंशी प्रेमचंद को 'कलम का सिपाही', 'कलम का जादूगर', 'कलम की शान', 'उपन्यास सम्राट्' एवं 'कथा सम्राट्' जैसी अनेक उपाधियों से अलंकृत किया गया है। रचनाकाल के आरंभिक चरण में उन्होंने उर्दू भाषा को अपनी रचनाओं का माध्यम बनाया। आरंभ में वे 'नवाब राय' और 'धनपत राय' के नाम से लिखा करते थे, लेकिन बाद में लगभग वर्ष 1910 में उन्होंने 'प्रेमचंद' के नाम से लिखना आरंभ किया। इस नाम से उनकी पहली रचना 'प्रेमाश्रम' प्रकाशित हुई। इस उपन्यास में उन्होंने असहाय जनता पर अंग्रेजों के अत्याचारों और जमींदारों के शोषण का मर्मस्पर्शी चित्रण किया है।

प्रेमचंद ने गरीब मजदूरों और किसानों पर हो रहे अत्याचारों और उनके शोषण को बड़ी निकटता से देखा था। यही कारण है कि उन्होंने समाज से जुड़ी इस तरह की घटनाओं का अपनी रचनाओं में यथार्थ रूप से स्पष्ट वर्णन किया है।

भारत उस समय परतंत्रता की बेड़ियों में जकड़ा हुआ था। अंग्रेज सरकार भारतीय जनता पर तरह-तरह के अत्याचार कर रही थी, जिससे जनता बुरी तरह त्रस्त थी। लोगों में राष्ट्र-प्रेम की भावना जाग्रत् करने के लिए प्रेमचंद ने अनेक लेख, कहानियाँ और उपन्यास लिखे। घोर निराशा में डूबी और अवसादग्रस्त जनता को झकझोरने के लिए उन्होंने सामाजिक कुप्रथाओं, जैसे—अनमेल विवाह, दहेज-प्रथा और बाल-विवाह पर कड़े

प्रहार किए। धर्म के नाम पर आडंबर रचाने और जाति एवं वर्ण–व्यवस्था की छुआछूत का उन्होंने प्रबल विरोध किया।

प्रेमचंद की अमर कृति 'गोदान' विशेष रूप से उल्लेखनीय है। इस उपन्यास में उन्होंने ग्राम्य जीवन की सामाजिक व्यवस्था, बनते–बिगड़ते रिश्तों की झलकियाँ और निर्धन-निरीह किसानों की दुर्दशा का यथार्थ चित्रण किया है। 'गोदान' ग्राम्य जीवन पर आधारित अपने समय का सर्वाधिक प्रामाणिक और पठनीय उपन्यास है।

'गोदान' के अलावा प्रेमचंद ने 'कर्मभूमि', 'कायाकल्प', 'गबन', 'निर्मला', 'प्रतिज्ञा', 'प्रेमाश्रम', 'मनोरमा', 'रंगभूमि', 'वरदान', 'सेवासदन', 'रूठी रानी' और 'प्रेमा' उपन्यास तथा दो नाटक 'कर्बला' और 'संग्राम' की रचना की। उन्होंने 300 से अधिक कहानियाँ लिखीं, जो उनके संग्रह 'मानसरोवर' भाग–1 से 8 तक में संकलित हैं।

प्रेमचंद की विभिन्न रचनाओं, लेखों एवं भाषणों में अभिव्यक्त उनके विचारों को संकलित कर 'मैं प्रेमचंद बोल रहा हूँ' पुस्तक की रचना की गई है। इस पुस्तक में देश, समाज, धर्म, मानवीय अनुभूतियों और साहित्य की विभिन्न विधाओं पर प्रेमचंदजी के सुस्पष्ट विचार-पुष्प संचित करने का भरपूर प्रयास किया है। आशा है, यह प्रयास आपको जरूर पसंद आएगा।

—एम. आई. राजस्वी

प्रेमचंद : एक संक्षिप्त परिचय

बनारस से लगभग 6 किलोमीटर की दूरी पर लमही नामक एक छोटा सा गाँव है। इस गाँव में कायस्थों के मुहल्ले में गुरसहाय लाल पटवारी का परिवार रहता था। इस परिवार की गाँव में बड़ी प्रतिष्ठा थी। गुरसहाय लाल के तीन पुत्र थे—कौलेश्वर लाल, अजायब लाल और उदित नारायण लाल। कौलेश्वर लाल की युवावस्था में ही मृत्यु हो गई थी, जबकि उदित नारायण लाल को गबन के कारण सात साल की सजा मिली थी और अजायब लाल डाक मुंशी की हैसियत से कार्य करते थे।

अजायब लाल एक सज्जन व्यक्ति थे। उनका विवाह बनारस के एक सुसंस्कृत घराने से संबंध रखनेवाली लड़की आनंदी से हुआ था। 31 जुलाई, 1880 को आनंदी ने एक पुत्र को जन्म दिया, जिसका नाम उन्होंने 'धनपत राय' रखा। चूँकि उनसे पहले उनके यहाँ तीन पुत्रियाँ जन्म ले चुकी थीं, इसलिए इकलौते पुत्र के रूप में धनपत राय का पालन-पोषण बड़े लाड़-प्यार से हुआ। यही धनपत राय आगे चलकर 'प्रेमचंद' के नाम से विख्यात हुए।

प्रेमचंद के लिए सबसे अधिक विशेष बात यह रही कि उन्हें जीवन के अलग-अलग परिवेश देखने के सुअवसर प्राप्त हुए। कारण स्पष्ट था कि उनके पिता का तबादला थोड़ी-थोड़ी अवधि के बाद एक स्थान से दूसरे स्थान पर होता रहता था। उन्होंने खेतों की हरियाली और लोगों की

गरीबी को बड़ी निकटता से देखा था, जिसकी झलक उनकी रचनाओं में स्पष्ट रूप से देखी जा सकती है।

जब प्रेमचंद आठ वर्ष के थे, तभी उनकी माता आनंदी की लंबी बीमारी के कारण मृत्यु हो गई। माता की मृत्यु से प्रेमचंद के बाल मन पर गहरा आघात लगा। इस आयु में प्रेमचंद को माता के वात्सल्य की आवश्यकता थी, लेकिन उन्हें इससे वंचित रहना पड़ा। यही कारण है कि प्रेमचंद ने अपनी अनेक रचनाओं में माता के चरित्र को बड़े मार्मिक ढंग से प्रस्तुत किया है।

प्रेमचंद के पिता ने दूसरा विवाह कर लिया था। पिता तो अधिकांशत: घर से बाहर ही रहते थे और दादी भी स्वर्गवासी हो चुकी थीं, अत: उन्हें अपनेपन की कमी का अहसास होता था। चूँकि उनकी सौतेली माता का व्यवहार उनके प्रति अच्छा नहीं था, यही कारण था कि वे भी अपना अधिकांश समय घर के बाहर ही बिताने लगे। वे सुबह-सवेरे ही पास के एक गाँव में मौलवी साहब के यहाँ उर्दू व फारसी पढ़ने जाते और फिर दिन भर अपने दोस्तों के साथ मटरगश्ती करते। उनका एक सहपाठी मित्र था, जिसकी तंबाकू की दुकान थी। वे उसके साथ छिपकर तंबाकू का हुक्का गुड़गुड़ाते और 'तिलिस्म-ए-होशरुबा' की कहानियों का लुत्फ उठाते। लंबे समय तक यही चलता रहा।

एक दिन प्रेमचंद के पिता से उनके ससुर ने कहा कि प्रेमचंद की उम्र अब पंद्रह वर्ष की हो गई है, इसलिए कोई अच्छी सी लड़की देखकर उनका विवाह कर दिया जाए। पिता को यह बात जँच गई और उन्होंने प्रेमचंद का विवाह कर दिया। दोनों पति-पत्नी के बीच किसी भी बात को लेकर सहमति न बनती। अत: परिणाम यह हुआ कि उनकी पत्नी उन्हें छोड़कर अपने मायके चली गई और कभी लौटकर नहीं आई।

सन् 1916 में प्रेमचंद ने शिवरानी देवी नामक एक बाल-विधवा से विवाह कर लिया। उनका वैवाहिक जीवन बड़ी खुशहाली से कट रहा था

कि उनके पिता की मृत्यु हो गई। इससे अनेक जिम्मेदारियाँ उनके कंधों पर आ गईं। एक तरफ पढ़ाई तो दूसरी तरफ घरेलू समस्याएँ। जैसे-तैसे करके उन्होंने दसवीं की परीक्षा पास की। उनके सिर पर उच्च शिक्षा प्राप्त करने की धुन सवार थी; लेकिन आगे पढ़ें भी तो कैसे? उन्हें इंटर में दाखिला नहीं मिल पा रहा था और बिना किसी सिफारिश या पहुँच के यह आसान काम भी नहीं था। उस दौर को याद करते हुए प्रेमचंद ने 'आप-बीती' में लिखा है—

"इत्तेफाक यह हुआ कि मुझे एक वकील साहब के लड़कों को पढ़ाने का काम मिल गया। इससे पाँच रुपए की तनख्वाह मिलने लगी। मैंने अपनी गुजर दो रुपए में करके तीन रुपए घर भेजने का फैसला किया। वकील साहब के अस्तबल के ऊपर एक छोटी सी कोठरी थी। मुझे उसमें रहने की इजाजत मिल गई। मैंने वहाँ टाट का एक टुकड़ा बिछा लिया। शहर से एक छोटा सा लैंप भी ले आया और रहने लगा।

चार-पाँच महीने इसी तरह बीत गए। इसी बीच एक बाजार से दो-ढाई रुपए के कपड़े लिये थे। मैं रोजाना उधर से गुजरता था। वह मुझ पर पूरा भरोसा करता था। जब दो महीने हो गए और मैं रुपए न चुका सका तो फिर मैंने उधर से निकलना ही बंद कर दिया। बस, चक्कर काटकर निकल जाता। करीब साल भर के बाद उसके रुपए अदा कर सका। इसी जमाने में शहर का एक बेलदार मुझसे हिंदी सीखने के लिए आया करता था। 'जान लो भैया' उसका तकिया कलाम था, इसीलिए सभी लोग उसे 'जान लो भैया' ही कहा करते थे। एक बार मैंने उससे आठ आने उधार लिये थे। ये पैसे उसने मुझसे मेरे घर गाँव में जाकर करीब पाँच वर्ष के बाद वसूल किए थे।"

प्रेमचंद ने मई 1905 से लेकर जून 1909 तक कानपुर के जिला स्कूल में अध्यापन कार्य किया। इसी दरम्यान उनकी मित्रता 'जमाना' के संपादक दया नारायण निगम से हो गई। उनके संपर्क में आने से उनकी विचारधारा को बल मिला और वे 'जमाना' के लिए नियमित रूप से लेख लिखने लगे। कानपुर में आने के बाद कलम के इस जादूगर की कलम ऐसी चली कि फिर मरते दम तक नहीं रुकी। उनके लेखों एवं कहानियों में समाज की वह सच्चाई निहित होती थी, जिससे उन्होंने लोगों को रू-बरू कराया।

सन् 1907 में उनकी दो कहानियाँ 'रूठी रानी' व 'किशना' प्रकाशित हुईं और जून 1908 में उनका पहला कहानी-संग्रह 'सोज-ए-वतन' लोगों के बीच आया। इस कहानी-संग्रह में उत्साह एवं साहस से परिपूर्ण कहानियों को संकलित किया गया था। इसका उद्देश्य लोगों में देश-प्रेम की भावना जाग्रत् करना था और वास्तव में 'खून की वह आखिरी बूँद, जो देश की हिफाजत में गिरे' जैसे वाक्यांशों ने लोगों को प्रभावित भी किया। उस समय वे स्कूल के सब-डिप्टी इंस्पेक्टर के रूप में कार्यरत थे। जब लोगों में इन कहानियों के कारण देश-प्रेम की भावना भड़की तो ब्रिटिश सरकार चिंतित हो उठी। अत: जिले के अंग्रेज अधिकारी ने उनसे बात की और उन्हें डरा-धमकाकर 'सोज-ए-वतन' की प्रतियाँ सौंपने की बात कही। इस तरह मजबूर होकर उन्होंने सब प्रतियाँ सरकारी नुमाइंदों के हवाले कर दीं, जो उनके पास थीं। फिर भी, कुछ प्रतियाँ बच गईं, जो दया नारायण निगम के पास थीं।

सन् 1910 से पहले प्रेमचंद 'धनपत राय' और 'नवाब राय' जैसे नामों से पहचाने जाते थे। जब दिसंबर 1910 में 'जमाना' में उनकी कहानी 'बड़े घर की बेटी' 'प्रेमचंद' के नाम से प्रकाशित हुई, तभी से वे 'प्रेमचंद' के नाम से पहचाने जाने लगे। बाद के वर्षों में उनकी समस्त रचनाएँ इसी नाम से प्रकाशित हुईं।

सन् 1916 में प्रेमचंद ने इंटर की परीक्षा पास की और 1919 में बी.ए. की परीक्षा द्वितीय श्रेणी से पास की। आरंभ में उन्हें हिंदी भाषा का कोई अच्छा ज्ञान नहीं था, लेकिन अब उसमें सुधार आ गया। जब वे गोरखपुर आए तो उस समय वे उर्दू के साथ-साथ हिंदी में भी लिखने के लिए प्रवृत्त हुए।

प्रेमचंद की रचनाओं में देशभक्ति की भावना का बहुत ही अच्छा सम्मिश्रण देखने को मिलता है। उन्होंने ब्रिटिश उपनिवेशवादी व्यवस्था के अंतर्विरोधों और उसकी शोषण-प्रक्रिया को बड़ी निकटता से देखा था और यही कारण था कि उन्होंने अपने मन की बेचैनी को अपनी रचनाओं में भलीभाँति प्रदर्शित किया था। उन्होंने पहले कहानी-संग्रह 'सोज-ए-वतन' में स्वदेशी की भावना को एक पात्र के माध्यम से इस प्रकार व्यक्त किया है—

> "जब मैं गाड़ी से उतरा तो मेरा दिल बाँसों उछल रहा था। अपना प्यारा घर देखूँगा, अपने बचपन के साथियों से मिलूँगा...जैसे-जैसे मैं गाँव के निकट आता जा रहा था, मेरे पाँव तेजी से उठते जा रहे थे। हर वस्तु पर आँखें फाड़-फाड़कर दृष्टि डालता। अहा! यही है वह नाला, जिसमें हम रोज घोड़े नहलाते और अपने आप भी डुबकियाँ लगाते थे; लेकिन अब उसके दोनों ओर काँटेदार तार लगे हुए थे। सामने ही एक बँगला था, जिसमें दो-तीन अंग्रेज बंदूक लिये इधर-उधर ताक रहे थे। नाले में नहाने की सख्त मनाही थी।
>
> गाँव में गया तो निगाहें बचपन के साथियों को तलाशने लगीं, लेकिन शोक! वे सभी मृत्यु का ग्रास बन चुके थे। मेरा घर टूटा-फूटा झोंपड़ा, जिसकी गोद में मैं बरसों खेला था, जहाँ बचपन और बेफिक्री के आनंद लूटे थे और जिनका चित्र अभी भी मेरी आँखों में घूम रहा था, वहीं अब मेरा प्यारा घर मिट्टी का ढेर हो गया था। यह जगह गैर-आबाद न थी। सैकड़ों आदमी चलते-फिरते दिखाई

दिए, जो अदालत-कचहरी और थाना-पुलिस की बातें कर रहे थे। उनके चेहरों से चिंता, निर्जीवता और उदासी प्रदर्शित होती थी।

मैं उस बरगद के पेड़ की ओर दौड़ा, जिसकी सुहानी छाँव में बचपन के लुत्फ उठाए थे और जो हमारे बचपन का क्रीड़ा-स्थल तथा युवावस्था का सुखप्रद वास-स्थान था। इस प्यारे बरगद को देखते ही मेरा दिल रो उठा। ऐसी-ऐसी दुःखदायी और हृदय-विदारक स्मृतियाँ ताजा हो गईं कि घंटों जमीन पर बैठे-बैठे आँसू बहाता रहा। उस बरगद के पेड़ के निकट ही थाना था। पेड़ के नीचे कोई लाल साफा बाँधे हुए बैठा था। उसके आस-पास दस-बीस लाल पगड़ीवाले हाथ बाँधकर खड़े थे और अर्धनग्न, दुर्भिक्षग्रस्त पुरुष, जिस पर अभी-अभी चाबुकों की बौछार हुई थी, पड़ा सिसक रहा था। मुझे ध्यान आया कि यह मेरा प्यारा देश नहीं, बल्कि कोई और देश है।''

प्रेमचंद की कृतियों में समाजवादी विचारों की अधिकता देखने को मिलती है। समाज के परिप्रेक्ष्य में घटित होनेवाली घटनाओं को उन्होंने अपनी लेखनी के माध्यम से प्रकट करने का सराहनीय प्रयास किया है। उनका मानना था कि राष्ट्रवाद पूँजीवाद की ही देन है। इसे वे मानव जाति की स्वतंत्रता और विकास की राह में बहुत बड़ा रोड़ा मानते थे। इस संबंध में उन्होंने अपने एक लेख 'राष्ट्रीयता और अंतरराष्ट्रीयता' में लिखा है—

''मानव समाज का गठन आरंभ से ही आर्थिक आधारों पर होता रहा है। जब मनुष्य कंदराओं में रहता था, उस समय भी उसे भोजन प्राप्त करने के लिए अपने आपको छोटे-छोटे समूहों में बाँटना पड़ता था और इन समूहों में आपस में लड़ाई भी होती थी। तब से लेकर आज तक आर्थिक सिद्धांत ही संसार का मार्गदर्शन करते आए हैं।

यह जो मनुष्य-मनुष्य में भेद है, अदावत है, घृणा और वैमनस्य है और जातियों के बीच में लाग-डाँट है, इसका कारण अर्थव्यवस्था के अलावा और है ही क्या? आर्थिक समस्याओं का सही समाधान ही राष्ट्रीयता को मजबूत कर सकता है। जब तक मानव समाज के निर्माण का आधार 'संपत्ति' बनी रहेगी, तब तक अंतरराष्ट्रीयतावाद का आरंभ हो ही नहीं सकता। संसार में जिस प्रकार अत्याचार, हिंसा और अन्याय है; जिस प्रकार घृणा, ईर्ष्या और अधर्मता है, जितनी जिल्लत और अशिक्षा है, उसका वास्तविक भेद यही विष है, जिसका नाम है 'संपत्ति'। जब तक संपत्ति पर व्यक्तिगत अधिकार रहेगा, तब तक मानव समाज का भला नहीं हो सकता।''

सन् 1916-17 के दौरान प्रेमचंद अपना प्रसिद्ध उपन्यास 'सेवा सदन' लिखने में व्यस्त रहे। इसके बाद उन्होंने सन् 1920 में 'प्रेमाश्रम' उपन्यास पूरा किया। वे अंग्रेजों के बढ़ते अत्याचारों से बहुत दु:खी थे। उनका मन अब सरकारी नौकरी से ऊब गया था। सन् 1921 में जब गांधीजी ने गोरखपुर का दौरा किया और वहाँ भाषण दिया तो उनके विचारों से प्रभावित होकर प्रेमचंद ने सरकारी नौकरी से त्यागपत्र देने का फैसला कर लिया। उन्होंने 'आप-बीती' में अपने विचारों को व्यक्त करते हुए लिखा है—

''यह घटना सन् 1921 की है। उन दिनों असहयोग आंदोलन जोरों पर था। जलियाँवाला बाग की घटना हो चुकी थी। इन्हीं दिनों महात्मा गांधी ने गोरखपुर का दौरा किया। गाजी मियाँ के मैदान में ऊँचा प्लेटफॉर्म तैयार किया गया। दो लाख से कम लोगों की भीड़ नहीं थी। सभी जिलों की श्रद्धालु जनता दौड़ी आई थी। इतनी भीड़ अपनी जिंदगी में मैंने पहले कभी नहीं देखी थी। गांधीजी के दर्शनों का प्रताप यह था कि मेरे जैसे मुर्दा-दिल आदमी में भी जान आ

गई। इसके दो-चार दिन बाद ही मैंने अपनी बीस साल की सरकारी नौकरी से इस्तीफा दे दिया।''

सन् 1922 में प्रेमचंद ने 'रंगभूमि' लिखना शुरू किया और जब वह लोगों के बीच आया तो लोकप्रियता के उच्च शिखर पर पहुँच गया। सरकारी नौकरी से तो वे त्यागपत्र दे ही चुके थे, इसलिए बस लिखना और जनता की सेवा करना ही उनके जीवन का ध्येय बन गया था। अपने इस उद्देश्य के प्रति वे जीवन के अंतिम क्षणों तक अडिग रहे।

प्रेमचंद ने अपनी कहानियों और उपन्यासों के माध्यम से किसानों और मजदूरों पर होनेवाले अत्याचारों के विरुद्ध तीव्र प्रतिरोध व्यक्त किया। लेखन कार्य में इतनी आय नहीं थी कि घर-परिवार का भरण-पोषण हो सके, इसलिए वे नौकरी की तलाश में जुट गए। अंततः कानपुर के मारवाड़ी स्कूल में हेडमास्टर के रूप में कार्य करने लगे। बाद में मैनेजर काशीनाथ के साथ विवाद के चलते उन्होंने स्कूल छोड़ दिया।

प्रेमचंद की कहानियों में समाज का वह मार्मिक पुट देखने को मिलता है, जो प्रत्येक गरीब व लाचार व्यक्ति से जुड़ा होता है। 'कफन' उनकी अत्यंत चर्चित रचना है। इस कहानी में उन्होंने समाज एवं व्यक्ति की बेचैनी को इस प्रकार व्यक्त किया है—

> ''किसानों की तुलना में वे लोग, जो किसानों की दुर्बलताओं से लाभ उठाना जानते थे, कहीं अधिक संपन्न थे। वहाँ इस प्रकार की मनोवृत्ति का उत्पन्न होना कोई आश्चर्य की बात नहीं थी। हम तो कहेंगे कि घीसू किसानों से कहीं अधिक विचारवान् था और किसानों के विचार-शून्य में शामिल होने के बदले बैठकबाजों की कुत्सित मंडली में जा मिले थे। हाँ, उसमें यह शक्ति न थी कि बैठकबाजों के नियम और नीति का पालन करता। अतः जहाँ उसकी मंडली के अन्य लोग गाँव के सरगना और मुखिया बने हुए थे, उस पर पूरा

गाँव उँगली उठाता था।

फिर भी, उसे यह तसकीन तो थी ही कि अगर वह फटेहाल है तो कम-से-कम उसे किसानों जैसी जी-तोड़ मेहनत नहीं करनी पड़ती और उसकी सरलता तथा निरीहता से दूसरे लोग बेजा फायदा तो नहीं उठाते। माधव और घीसू दोनों आलू निकाल-निकालकर जलते-जलते ही खाने लगे। कल से कुछ नहीं खाया था। इतना सब्र न था कि उन्हें ठंडा हो जाने दें। कई बार दोनों की जबानें भी जल गईं। छिल जाने पर आलू का बाहरी हिस्सा बहुत अधिक गरम मालूम न होता; लेकिन दाँतों के नीचे पड़ते ही अंदर का हिस्सा जबान, हलक और तालू को जला देता था और उस अंगारे को मुँह में रखने से ज्यादा खैरियत इसी में थी कि वह अंदर पहुँच जाए। वहाँ उसे ठंडा करने के लिए काफी सामान था। अत: दोनों जल्दी-जल्दी निगल जाते। हालाँकि इस कोशिश में उनकी आँखों से आँसू निकल जाते।''

सन् 1923 में प्रेमचंद ने अपने भाई महताब राय के साथ मिलकर बनारस में एक प्रेस लगाई, जिसका नाम उन्होंने 'सरस्वती' रखा। बड़े जोड़-तोड़ से दोनों भाइयों ने यह प्रेस लगाई थी और आशा की थी कि उन्हें इससे लाभ मिलेगा, लेकिन हुआ इसके विपरीत। वे लगातार घाटे में चले गए और उन्हें अनेक प्रकार से तंगियों का सामना करना पड़ा। जून 1924 में उन्होंने दया नारायण निगम को एक पत्र लिखा, जिसमें लिखा—

''मेरी प्रेस की हालत अच्छी नहीं है। पूरा साल हो गया, लेकिन नफा और सूद तो दूर, करीब छह सौ रुपए का घाटा और हो गया। नातजुर्बेकारी से ऐसे काम हाथ में लिये, जिनके पास कुछ भी न था। अब उनसे रुपए वसूल होना बहुत मुश्किल है।...गालिबन मुझे ही प्रेस में बैठना पड़ेगा और फिर, सबकुछ बेच-बाचकर कारोबार बंद करना पड़ेगा।''

हालात इस तरह बन पड़े कि प्रेमचंद ने फिर से नौकरी करने का फैसला किया। सन् 1925 में उन्होंने कुछ समय के लिए लखनऊ में गंगा पुस्तक माला में कार्य किया और नवलकिशोर प्रेस की हिंदी पत्रिका 'माधुरी' के लिए संपादन कार्य करने लगे। इस पत्रिका में उन्होंने लेख लिखने के साथ-साथ अनेक कहानियाँ भी लिखीं।

सन् 1930 में प्रेमचंद ने बनारस से 'हंस' नामक एक मासिक पत्रिका का प्रकाशन शुरू किया। इसके बारे में उन्होंने लिखा—

"हंस के लिए यह परम सौभाग्य की बात है कि उसका जन्म ऐसे शुभ अवसर पर हुआ है, जब भारत पराधीनता की बेड़ियों से निकलने के लिए तड़पने लगा है।...लेकिन पराधीनता मन की एक वृत्ति है। इस वृत्ति का जागना ही स्वाधीन हो जाना है। अभी तक इस विचार ने जन्म ही नहीं लिया था, अब वह बढ़ेगा और फलेगा-फूलेगा। एक दिन हम विजयी होंगे।...हमारा यह धर्म है कि उस दिन को जल्दी-से-जल्दी लाने के लिए तपस्या करते रहें। यही 'हंस' का ध्येय होगा।"

'हंस' के माध्यम से प्रेमचंद ने 'कुर्बानी', 'जेल', 'जुलूस' और 'इंतकाम' जैसी कहानियाँ लोगों के सामने प्रस्तुत कीं। इन कहानियों में उन्होंने स्वतंत्रता संग्राम में भारतीयों के अदम्य साहस, त्याग एवं बलिदान के सराहनीय चित्र प्रस्तुत किए हैं। परिणाम यह हुआ कि ब्रिटिश सरकार बौखला उठी और उसने एक हजार रुपए का जुर्माना लगा दिया। हालाँकि प्रेमचंद के लिए यह बड़ी विकट स्थिति थी, लेकिन फिर भी इससे उनके उत्साह में कोई कमी नहीं आई। कुछ समय तक तो जुर्माने की रकम न चुकाए जाने के कारण 'हंस' का प्रकाशन बंद रहा, लेकिन कुछ माह के बाद वह फिर से शुरू हो गया।

सन् 1932 में प्रेमचंद ने हिंदी साप्ताहिक पत्र 'जागरण' का प्रकाशन

शुरू किया। 'हंस' के कारण वे पहले से ही घाटे में थे और अब 'जागरण' के कारण उनका आर्थिक संकट और बढ़ गया। फिर भी, वे बड़ी हिम्मत से अपना कार्य करते रहे। इसी वर्ष उन्होंने अपना एक महत्त्वपूर्ण उपन्यास 'कर्मभूमि' बनारस से प्रकाशित किया। बाद में उनका यह उपन्यास उर्दू में मक्तबा जामिया, दिल्ली से 'मैदान-ए-अमल' शीर्षक से प्रकाशित हुआ।

प्रेमचंद की आर्थिक स्थिति इतनी खराब हो गई थी कि घर का खर्चा चलाना तक मुश्किल हो गया था। वे अपनी रचनाओं के कारण देश भर में ख्याति प्राप्त कर चुके थे। अत: बंबई (अब मुंबई) की एक फिल्म कंपनी 'अजंता सिनटोन' ने उन्हें कहानियाँ एवं पटकथा-लेखन के लिए आमंत्रण भेजा। इस तरह जून 1934 में वे बंबई चले गए। उन्होंने जिन फिल्मों की कहानियाँ लिखीं, उन्हें डायरेक्टर भूटानी ने काट-छाँटकर अपंग-सा बना दिया। इससे उन्हें बड़ी निराशा हुई। नवंबर 1934 में उन्होंने हुसमाउद्दीन गौरी को एक पत्र लिखा—

> "जिन हाथों में फिल्म की किस्मत है, वे बदकिस्मती से इसे इंडस्ट्री समझ बैठते हैं। इस इंडस्ट्री को मजाक और इसलाह से क्या निहबत? वह तो एक्सप्लॉइट करना जानती है और यहाँ इनसान के मुकद्दसतरीन जज्बात को एक्सप्लॉइट कर रही है। बरहना और नीम बरहना तसवीरें, खून और जब्र की वारदातें, मारपीट, गुस्सा व गजब और नफसानियत ही इस इंडस्ट्री के औजार हैं और इसी से वे इनसानियत का खून कर रही हैं।"

जैसा प्रेमचंद चाहते थे, वैसा उन्हें बंबई में कुछ भी दिखाई नहीं दिया। अत: वहाँ से निराश होकर वे अप्रैल 1935 में बनारस लौट आए। लौटते ही उन्होंने अपना उपन्यास 'गोदान' पूरा किया, जो सन् 1936 में सरस्वती प्रेस से प्रकाशित हुआ। इसके बाद वे अपनी प्रेस और 'हंस' पत्रिका के कार्यालय को बनारस ले आए। काम की अधिकता के कारण

उनके स्वास्थ्य में गिरावट आ गई थी। फिर भी उन्होंने पूरी लगनशीलता से अपना लेखन व संपादन-कार्य जारी रखा। इसी बीच सज्जाद जहीर एवं अन्य युवा लेखकों ने 'प्रगतिशील लेखक संघ' की स्थापना को लेकर आंदोलन छेड़ा। इस बारे में इन युवा लेखकों ने जब प्रेमचंद से मुलाकात की तो प्रेमचंद ने उन्हें अपना पूरा समर्थन देने की बात कही। इस संघ का पहला अधिवेशन प्रेमचंद की अध्यक्षता में सन् 1936 में लखनऊ में हुआ।

पिछले कई वर्षों से प्रेमचंद पेचिश की बीमारी से पीड़ित थे। अक्तूबर 1936 में इस बीमारी ने गंभीर रूप धारण कर लिया और अंत में 8 अक्तूबर, 1936 को वे इस दुनिया से चले गए। उनकी मृत्यु साहित्य जगत् के लिए वह क्षति है, जिसकी पूर्ति करना असंभव है।

अनुक्रम

मैं प्रेमचंद बोल रहा हूँ

अंग्रेजी तहजीब

एक जमाना था, जब देहातों में चरखा और चक्की के बगैर कोई भी घर खाली न था। चक्की-चूल्हे से छुट्टी मिली तो चरखे पर सूत कात लिया। औरतें चक्की पीसती थीं तो इससे उनकी तंदुरुस्ती बहुत अच्छी रहती थी। उनके बच्चे मजबूत और अफकाश होते थे। लेकिन अब तो अंग्रेजी तहजीब और मुआशरत ने सिर्फ शहरों में ही नहीं, देहातों में भी लोगों की काया पलट दी है। हाथ की चक्की के बजाय अब मशीन का पिसा हुआ आटा इस्तेमाल किया जाता है।

—27 अक्तूबर, 1934 को राष्ट्रभाषा सम्मेलन,
बंबई में दिए गए भाषण से उद्धृत।

❁❁❁

अंग्रेजी भाषा

सभ्य जीवन के हर विभाग में मानो अंग्रेजी भाषा ही हमारी छाती पर मूँग दल रही है। अगर आज हम इस प्रभुत्व को तोड़ सके तो पराधीनता का आधा बोझ हमारे सिर से उतर जाएगा।

❁❁❁

अंग्रेजी भाषा हमारी पराधीनता की वह बेड़ी है, जिसने हमारे मन और बुद्धि को इस तरह जकड़ रखा है कि उनमें इच्छा भी नहीं रही।

हमारा शिक्षित समाज इस बेड़ी को गले का हार समझने के लिए मजबूर है। यह उसकी रोटियों का सवाल है और अगर रोटियों के साथ कुछ सम्मान, कुछ गौरव और कुछ अधिकार मिल भी जाए तो फिर क्या कहना!

❁❁❁

प्रभुता की इच्छा तो प्राणिमात्र में होती है—अंग्रेजी भाषा ने इसका द्वार खोल दिया और हमारा शिक्षित समुदाय चिड़ियों के झुंड की तरह उस द्वार के अंदर घुसकर जमीन पर बिखरे हुए दाने चुगने लगा। अब वह कितना ही फड़फड़ाए, उसे गुलशन की हवा नसीब नहीं। मजा यह है कि इस झुंड की फड़फड़ाहट बाहर निकलने के लिए नहीं, केवल मनोरंजन के लिए है। उसके पर निर्जीव हो गए और उनमें उड़ने की शक्ति नहीं रही। वह भरोसा भी नहीं रहा कि ये दाने बाहर मिलेंगे भी या नहीं। अब तो वही कफस है, वही कुल्हिया है और वही सैयाद।

❁❁❁

आज शिक्षित समुदाय पर से जनता का विश्वास उठ गया है। वह उसे उससे अधिक विदेशी समझती है, जितना विदेशियों को। आश्चर्य की बात है कि यह समुदाय आज दोनों तरफ से ठोकरें खा रहा है। स्वामियों की ओर से इसलिए कि वे समझते हैं कि मेरी चौखट के सिवा इनके लिए और कोई आश्रय नहीं और जनता की ओर से इसलिए कि उनका इससे कोई आत्मीय संबंध नहीं। उनका रहन-सहन, उनकी वेशभूषा, उनके विचार और व्यवहार—सब जनता से अलग हैं। यह केवल इसलिए कि हम अंग्रेजी भाषा के गुलाम हो गए, मानो परिस्थिति ऐसी है कि बिना अंग्रेजी भाषा की उपासना किए काम नहीं चल सकता।

—29 दिसंबर, 1934 को दक्षिण भारत हिंदी प्रचार सभा,
मद्रास में दिए गए दीक्षांत भाषण से उद्धृत।

❁❁❁

यह दुरुस्त है कि आज भारत की दफ्तरी जबान अंग्रेजी है और भारत की जनता पर शासन करने में अंग्रेजों का हाथ बँटाने के लिए हमारा अंग्रेजी जानना जरूरी है। इल्म, हुनर और खयालात में जो इनकलाब होते रहते हैं, उनसे वाकिफ होने के लिए भी अंग्रेजी सीखना लाजिमी हो गया है। जाति, शोहरत और तरक्की की सारी कुंजियाँ अंग्रेजी के हाथ में हैं और कोई भी उस खजाने को नाचीज नहीं समझ सकता। दुनिया की तहजीबी या सांस्कृतिक बिरादरी में मिलने के लिए अंग्रेजी हमारे लिए एक दरवाजा है और उसकी तरफ से हम आँखें बंद नहीं कर सकते।

❁❁❁

आपस में तो अंग्रेजी का व्यवहार था ही और जनता से ज्यादा सरोकार था नहीं, फिर भी अपनी प्रांतीय भाषा से सारी जरूरतें पूरी हो जाती थीं। कौमी भाषा का स्थान अंग्रेजी ने ले लिया और और आज भी वह उसी स्थान पर विराजमान है। अंग्रेजी राजनीति का, व्यापार का, साम्राज्यवाद का हमारे ऊपर जैसा आतंक है, उससे कहीं अधिक अंग्रेजी भाषा है। अंग्रेजी राजनीति से, व्यापार से, साम्राज्यवाद से तो आप बगावत करते हैं, लेकिन अंग्रेजी भाषा को आप गुलामी से तौक की तरह गरदन में डाले हुए हैं। उनके व्यापार की जगह केवल अपना व्यापार चाहते हैं; लेकिन फिर भी अंग्रेजी भाषा का सिक्का हमारे दिलों पर बैठ गया है।

❁❁❁

अंग्रेजी के चुने हुए शब्दों, मुहावरों और मँजी हुई भाषा में अपनी निपुणता व कुशलता दिखाने का रोग इतना बढ़ा हुआ है कि हमारी कौमी सभाओं में सारी काररवाई अंग्रेजी में ही होती है, अंग्रेजी में ही भाषण होते हैं, प्रस्ताव पेश किए जाते हैं। सारी लिखा-पढ़ी अंग्रेजी में ही होती है, उस संस्था में भी, जो अपने को जनता की संस्था कहती है। यहाँ तक कि सोशलिस्ट और कम्यूनिस्ट भी, जो जनता के खासुलखास झंडेबरदार

हैं, सभी कारवाई अंग्रेजी में करते हैं। जब हमारी कौमी संस्थाओं की यह हालत है तो हम सरकारी महकमों और यूनिवर्सिटियों से क्या शिकायत करें?

—27 अक्तूबर, 1934 को राष्ट्रभाषा सम्मेलन, बंबई में दिए गए भाषण से उद्धृत।

❁❁❁

अनमेल विवाह का फल

कुछ भी हो, ज़वानी ढल जाने पर ज़वान औरत से विवाह करके कुछ-न-कुछ बेहयाई जरूर करनी पड़ती है, इसमें कोई संदेह नहीं। स्त्री स्वभाव से लज्जाशील होती है। कुलटाओं की बात दूसरी है। साधारणतः स्त्री पुरुष से कहीं ज्यादा संयमशील होती है। जोड़ का पति पाकर वह पर-पुरुष से दिल्लगी-हँसी कर ले, उसका मन शुद्ध रहता है। बेजोड़ विवाह हो जाने से वह चाहे किसी की ओर आँखें उठाकर न देखे, लेकिन उसका दिल दुःखी ही रहता है। यह कच्ची दीवार है और उसी समय तक खड़ी रहती है, जब तक उस पर सबरी न चलाई जाए।

— सामाजिक उपन्यास 'निर्मला' के अध्याय 11 से उद्धृत।

❁❁❁

अनुभव

यह कहने की आवश्यकता नहीं कि कृत्रिम अवस्थाओं में जो अनुभव प्राप्त होते हैं, वे स्वाभाविक नहीं हो सकते। फिर भी, उपन्यास की सफलता के लिए अनुभव सर्वप्रधान मंत्र है। उपन्यास के लेखक को यथासाध्य नए-नए दृश्यों को देखने और नए-नए अनुभवों को प्राप्त करने के कोई अवसर हाथ से नहीं जाने देने चाहिए।

— 'साहित्य का उद्देश्य' नामक पुस्तक के अध्याय 'उपन्यास-रचना' से उद्धृत।

❁❁❁

अभीष्ट साहित्य

जो साहित्यकार अमीरों का मुँह जोहनेवाला है, वह रईसी रचना-शैली स्वीकार करता है। जो जनसाधारण का है, वह जनसाधारण की भाषा में लिखता है। हमारा उद्‌देश्य देश में ऐसा वायुमंडल उत्पन्न करना है, जिसमें अभीष्ट प्रकार का साहित्य उत्पन्न हो सके और पनप सके।

—'प्रगतिशील लेखक संघ' के लखनऊ अधिवेशन में दिए गए भाषण से उद्‌धृत।

❁❁❁

असार जीवन

जीवन! तुमसे ज्यादा असार भी दुनिया में कोई वस्तु है? क्या यह उस दीपक की भाँति ही क्षण-भंगुर नहीं है, जो हवा के एक झोंके से बुझ जाता है? पानी के एक बुलबुले को देखते हो, लेकिन उसे टूटते भी कुछ देर लगती है; जीवन में उतना सार भी नहीं। साँस का भरोसा ही क्या और इसी नश्वरता पर हम अभिलाषाओं के कितने विशाल भवन बनाते हैं। नहीं जानते कि नीचे जानेवाली साँस ऊपर आएगी या नहीं, पर सोचते इतनी दूर की हैं, मानो हम अमर हैं।

—सामाजिक उपन्यास 'निर्मला' के अध्याय-2 से उद्‌धृत।

❁❁❁

अहसान

कोई भी भला आदमी दूसरों का अहसान अपने सिर नहीं लेना चाहता।

—सामाजिक उपन्यास 'प्रतिज्ञा' के अध्याय-4 से उद्‌धृत।

❁❁❁

आख्यायिका

गल्प, आख्यायिका या छोटी कहानी लिखने की प्रथा प्राचीन काल

से चली आ रही है। धर्मग्रंथों में जो दृष्टांत भरे पड़े हैं, वे छोटी कहानियाँ ही हैं; पर कितनी उच्च कोटि की। महाभारत, उपनिषद्, बुद्ध जातक तथा बाइबिल आदि सभी सद्ग्रंथों में जन-शिक्षा का यही साधन उपयुक्त समझा गया है। ज्ञान और तत्त्व की बातें इतनी सरल रीति से और क्योंकर समझाई जातीं? किंतु प्राचीन ऋषि इन दृष्टांतों द्वारा केवल आध्यात्मिक और नैतिक तत्त्वों का निरूपण करते थे। उनका अभिप्राय केवल मनोरंजन नहीं होता था।

❁❁❁

आजकल आख्यायिका का अर्थ बहुत व्यापक हो गया है। उसमें प्रेम की कहानियाँ, जासूसी किस्से, भ्रमण-वृत्तांत, अद्‌भुत घटनाएँ, विज्ञान की बातें—यहाँ तक कि मित्रों की गपशप भी शामिल कर दी जाती है। एक अंग्रेजी समालोचक के मतानुसार—कोई रचना, जो पंद्रह मिनट में पढ़ी जा सके, गल्प कही जा सकती है। और तो और, उसका यथार्थ उद्‌देश्य इतना अनिश्चित हो गया है कि उसमें किसी प्रकार का उपदेश होना दूषण समझा जाने लगा है। वह कहानी सबसे नाकिस समझी जाती है, जिसमें उपदेश की छाया भी पड़ जाए।

❁❁❁

आख्यायिकाओं द्वारा नैतिक उपदेश देने की प्रथा धर्मग्रंथों में ही नहीं, साहित्य ग्रंथों में भी प्रचलित थी। 'कथासरित्सागर' इसका उदाहरण है। इसके पश्चात् बहुत सी आख्यायिकाओं को एक शृंखला में बाँधने की प्रथा चली। 'बेताल पच्चीसी' और 'सिंहासन बत्तीसी' इसी श्रेणी की पुस्तकें हैं। उनमें कितनी नैतिक और धार्मिक समस्याएँ हल की गई हैं, यह उन लोगों से छिपा नहीं, जिन्होंने उनका अध्ययन किया। अरबी में 'सहस्र रजनी चरित्र' इसी भाँति का अद्‌भुत संग्रह है; किंतु उसमें किसी प्रकार का उपदेश देने की चेष्टा नहीं की गई। उसमें सभी रसों का समावेश है, पर अद्‌भुत रस की ही प्रधानता है और अद्‌भुत रस में उपदेश की गुंजाइश नहीं रहती।

कदाचित् उसी आदर्श को लेकर इस देश में 'शुक-बहत्तरी' के ढंग की कथाएँ रची गईं, जिनमें स्त्रियों की बेवफाई का राग अलापा गया है।

❁❁❁

मध्यकाल काव्य और नाटक-रचना का काल था। उन दिनों आख्यायिकाओं की ओर बहुत कम ध्यान दिया गया। उस समय कहीं तो भक्ति-काव्य की प्रधानता रही, कहीं राजाओं के कीर्तिमान की। हाँ, शेखसादी ने फारसी में 'गुलिस्ताँ-बोस्ताँ' की रचना करके आख्यायिकाओं की मर्यादा रखी। यह उपदेश-कुसुम इतना मनोहर और सुंदर है कि चिरकाल तक प्रेमियों के हृदय इसकी सुगंध में रंजित होते रहेंगे। उन्नीसवीं शताब्दी में फिर आख्यायिकाओं की ओर साहित्यकारों की प्रवृत्ति हुई और तभी से सभ्य साहित्य में इनका विशेष महत्त्व है।

—'कुछ विचार' नामक पुस्तक के पाठ 'कहानी कला-1' से उद्धृत।

❁❁❁

आजकल की आख्यायिका और प्राचीन काल की आख्यायिका में समय की गति और रुचि के परिवर्तन से बहुत कुछ अंतर हो गया है। प्राचीन आख्यायिका कुतूहल-प्रधान होती थी या अध्यात्म-विषयक। उपनिषद् और महाभारत में आध्यात्मिक रहस्यों को समझने के लिए आख्यायिका का आश्रय लिया गया है। 'बुद्ध जातक' भी आख्यायिका के सिवा और क्या है? बाइबिल में भी दृष्टांतों और आख्यायिकाओं के द्वारा ही धर्म के तत्त्व समझाए गए हैं। सत्य इस रूप में आकर साकार हो जाता है और तभी जनता उसे समझती है और उसका व्यवहार करती है।

❁❁❁

वर्तमान आख्यायिका मनोवैज्ञानिक विश्लेषण और जीवन के यथार्थ के स्वाभाविक चित्रण को अपना ध्येय समझती है। उसमें कल्पना की मात्रा कम, अनुभूतियों की मात्रा अधिक होती है। इतना ही नहीं, बल्कि

अनुभूतियाँ ही रचनाशील भावना से अनुभावित होकर कहानी बन जाती हैं।

—'कुछ विचार' नामक पुस्तक के पाठ 'कहानी कला-2' से उद्धृत।

❁❁❁

यह तो सभी मानते हैं कि आख्यायिका का प्रधान धर्म मनोरंजन है; पर साहित्यिक मनोरंजन वह है, जिससे हमारी कोमल और पवित्र भावनाओं को प्रोत्साहन मिले। हममें सत्य, निस्स्वार्थ सेवा, न्याय आदि देवत्व के जो अंश हैं, वे जाग्रत् हों। वास्तव में, यह मानवीय आत्मा की वह चेष्टा है, जो उसके मन में अपने आपको पूर्ण रूप से देखने की होती है।

—'कुछ विचार' नामक पुस्तक के पाठ 'कहानी कला-3' से उद्धृत।

❁❁❁

आग

मैदान में जलता हुआ अलाव वायु में अपनी उष्णता को खो देता है, लेकिन इंजन में बंद होकर वही आग संचालन-शक्ति का अखंड भंडार बन जाती है।

—कथा-संग्रह 'मानसरोवर-7' की कहानी 'जेल' से उद्धृत।

❁❁❁

आज की कहानी

आधुनिक साहित्य में वस्तु-स्थिति चित्रण की प्रवृत्ति इतनी बढ़ रही है कि आज की कहानी यथासंभव प्रत्यक्ष अनुभवों की सीमा से बाहर नहीं जाती। हमें केवल इतना सोचने से ही संतोष नहीं होता कि मनोविज्ञान की दृष्टि से ये सभी पात्र मनुष्यों से मिलते-जुलते हैं, बल्कि हम यह इत्मीनान चाहते हैं कि वे सचमुच मनुष्य हैं और लेखक ने यथासंभव उनका जीवन-चरित्र ही लिखा है; क्योंकि कल्पना के गढ़े हुए आदमियों

में हमारा विश्वास नहीं है। उनके कार्यों और विचारों से हम प्रभावित नहीं होते हैं।

—'प्रगतिशील लेखक संघ' के लखनऊ अधिवेशन में दिए गए भाषण से उद्धृत।

❁❁❁

आदर्शवाद

अँधेरी गरम कोठरी में काम करते-करते जब हम थक जाते हैं तो इच्छा होती है कि किसी बाग में निकलकर निर्मल तथा स्वच्छ वायु का आनंद उठाएँ। इसी कमी को आदर्शवाद पूरा करता है। वह हमें ऐसे चरित्रों से परिचित कराता है, जिनके हृदय पवित्र होते हैं, जो स्वार्थ और वासना से रहित होते हैं, जो साधु प्रकृति के होते हैं। यद्यपि ऐसे चरित्र व्यवहार-कुशल नहीं होते। उनकी सरलता उन्हें सांसारिक विषयों में धोखा देती है; लेकिन काँइयाँपन से ऊबे हुए प्राणियों को ऐसे सरल, ऐसे व्यावहारिक ज्ञान-विहीन चरित्रों के दर्शन से एक विशेष आनंद होता है।

—'कुछ विचार' नामक पुस्तक के पाठ 'उपन्यास' से उद्धृत।

❁❁❁

आनंद

हमारे सत्य भावों का प्रकाश ही आनंद है। असत्य भावों में तो दुःख का ही अनुभव होता है। हो सकता है कि किसी व्यक्ति को असत्य भावों में ही आनंद का अनुभव हो। हिंसा करके या किसी के धन का अपहरण करके या अपने स्वार्थ के लिए किसी का अहित करके भी कुछ लोगों को आनंद प्राप्त होता है; लेकिन यह मन की स्वाभाविक वृत्ति नहीं है।

—'साहित्य का उद्देश्य' नामक पुस्तक के पाठ 'साहित्य का आधार' से उद्धृत।

❁❁❁

जीवन का उद्देश्य ही आनंद है। मनुष्य जीवन-पर्यंत आनंद की ही खोज में लगा रहता है। किसी को वह रत्न द्रव्य में मिलता है, किसी को भरे-पूरे परिवार में, किसी को लंबे-चौड़े भवन में, किसी को ऐश्वर्य में; लेकिन साहित्य का आनंद इस आनंद से कहीं ऊँचा है, इससे पवित्र है और उसका आधार सुंदर एवं सत्य है। वास्तव में, सच्चा आनंद सुंदर एवं सत्य से मिलता है। उसी आनंद को दरशाना और वही आनंद उत्पन्न करना साहित्य का उद्देश्य है।

❁❁❁

ऐश्वर्य या भोग के आनंद में ग्लानि छिपी होती है। उससे अरुचि भी हो सकती है, पश्चात्ताप भी हो सकता है; पर सुंदर से जो आनंद प्राप्त होता है, वह अखंड और अमर है।

❁❁❁

जहाँ मनुष्य अपने मौलिक, यथार्थ और कृत्रिम रूप में है, वहीं आनंद है। आनंद कृत्रिमता और आडंबर से कोसों दूर भागता है। सत्य का कृत्रिम से क्या संबंध!

—'कुछ विचार' पुस्तक के अध्याय
'जीवन में साहित्य का स्थान' से उद्धृत।

❁❁❁

आसमान पर छाई लालिमा निस्संदेह बड़ा सुंदर दृश्य है, लेकिन आषाढ़ में अगर आकाश पर वह लालिमा छा जाए तो वह हमें प्रसन्नता देनेवाली नहीं हो सकती। उस समय तो हम आसमान पर काली-काली घटाएँ देखकर ही आनंदित होते हैं। फूलों को देखकर हमें इसलिए आनंद होता है कि उनसे फलों की आशा होती है। प्रकृति से अपने जीवन का सुर मिलाकर रहने में हमें इसलिए आध्यात्मिक सुख मिलता है कि उससे हमारा जीवन

विकसित और पुष्ट होता है। प्रकृति का विधान वृद्धि तथा विकास है और जिन भावों, अनुभूतियों तथा विचारों से हमें आनंद मिलता है, वे इसी वृद्धि तथा विकास के सहायक हैं।

—'प्रगतिशील लेखक संघ' के लखनऊ अधिवेशन में दिए गए भाषण से उद्धृत।

❁❁❁

हमारी आत्मा अपने अंदर जिस अपूर्णता का अनुभव करती है, उसकी पूर्णता को पाकर मानो वह अपने को पा जाती है और यही उसके आनंद की चरम सीमा है।

—'साहित्य का उद्देश्य' नामक पुस्तक के अध्याय 'साहित्य का आधार' से उद्धृत।

❁❁❁

हम जो कुछ लिखते हैं, यदि उसमें भी रहते हैं तो हमारा शुष्क विचार भी अपने अंदर आत्म-प्रकाश का संदेश रखता है और पाठकों को उसमें आनंद की प्राप्ति होती है।

—'साहित्य का उद्देश्य' नामक पुस्तक के अध्याय 'साहित्य का आधार' से उद्धृत।

❁❁❁

आभूषण

यद्यपि हमने किसी रूपहीन महिला को आभूषणों की सजावट से रूपवती होते नहीं देखा, तथापि हम यह भी मान लेते हैं कि रूप के लिए आभूषणों की उतनी ही आवश्यकता है, जितनी घर के लिए दीपक की। लेकिन शारीरिक शोभा के लिए हम मन को कितना मलिन, चित्त को कितना अशांत और आत्मा को कितना कलुषित बना लेते हैं, इसका हमें कदाचित् ज्ञान नहीं होता। इस दीपक की ज्योति में आँखें धुँधली हो जाती हैं। यह चमक-दमक कितनी ईर्ष्या, कितने द्वेष, कितनी प्रतिस्पर्धा,

कितनी दुश्चिंता और कितनी दुराशा का कारण है, इसकी केवल कल्पना से ही रोंगटे खड़े हो जाते हैं। इन्हें भूषण नहीं, दूषण कहना अधिक उपयुक्त है।

—कथा-संग्रह 'मानसरोवर-5' की कहानी 'आभूषण' से उद्धृत।

❀❀❀

गहनों का मरज न जाने इस दरिद्र देश में कैसे फैल गया। जिन लोगों के भोजन का ठिकाना नहीं, वे भी गहनों के पीछे प्राण देते हैं। हर साल अरबों रुपए केवल सोना-चाँदी खरीदने में व्यय हो जाते हैं। संसार के और किसी देश में इन धातुओं की इतनी खपत नहीं। तो बात क्या है? उन्नत देशों में धन व्यापार में लगता है, जिससे लोगों की परवरिश होती है और धन बढ़ता है। इसके विपरीत, यहाँ धन शृंगार में खर्च होता है। उसमें उन्नति और उपकार की जो दो महान् शक्तियाँ हैं, उन दोनों का ही अंत हो जाता है। बस, यही समझ लो, जिस देश के लोग जितने मूर्ख होंगे, वहाँ जेवरों का प्रचार भी उतना ही अधिक होगा।

—'गबन' नामक पुस्तक से उद्धृत।

❀❀❀

आमोद-प्रमोद

संसार में ऐसे मनुष्य भी होते हैं, जो अपने आमोद-प्रमोद के आगे किसी की जान की भी कुछ परवाह नहीं करते।

—कथा-संग्रह 'मानसरोवर-5' की कहानी 'मंत्र' (2) से उद्धृत।

❀❀❀

आर्यसमाज

मैं तो आर्यसमाज को जितनी धार्मिक संस्था समझता हूँ, उतनी ही तहजीबी (सांस्कृतिक) संस्था भी समझता हूँ; बल्कि आप क्षमा करें तो मैं कहूँगा कि उसके तहजीबी कारनामे उसके धार्मिक कारनामों से ज्यादा

प्रसिद्ध और रोशन हैं। आर्यसमाज ने साबित कर दिया है कि समाज की सेवा ही किसी धर्म के सजीव होने का लक्षण है। सेवा का ऐसा कौन सा क्षेत्र है, जिसमें उसकी कीर्ति की ध्वजा न उड़ रही हो। कौमी जिंदगी की समस्याओं को हल करने में उसने जिस दूरंदेशी का सबूत दिया है, उस पर हम गर्व कर सकते हैं।

❁❁❁

हरिजनों के उद्धार में सबसे पहले आर्यसमाज ने कदम उठाया। लड़कियों की शिक्षा की जरूरत सबसे पहले उसने समझी। वर्ण-व्यवस्था को जन्मगत न मानकर कर्मगत सिद्ध करने का सेहरा उसके सिर है। जाति-भेद का भाव और खान-पान के छूतछात और चौके-चूल्हे की बाधाओं को मिटाने का गौरव उसी को प्राप्त है। यह ठीक है कि ब्राह्मसमाज ने इस दिशा में पहले कदम रखा, पर वह थोड़े से अंग्रेजी पढ़े-लिखों तक ही सीमित रह गया। इन विचारों को जनता तक पहुँचाने का बीड़ा आर्यसमाज ने ही उठाया।

❁❁❁

गुरुकुलाश्रम को नया जन्म देकर आर्यसमाज ने शिक्षा को संपूर्ण बनाने का महान् कार्य किया है। संपूर्ण से मेरा आशय उस शिक्षा से है, जो सर्वांगपूर्ण हो; जिसमें मन, बुद्धि, चरित्र और देह—सभी के विकास का अवसर मिले। शिक्षा का वर्तमान आदर्श यही है। मेरे खयाल में, यह चिर सत्य है।

❁❁❁

— वार्षिक आर्यभाषा सम्मेलन, लाहौर में दिए गए भाषण से उद्धृत।

❁❁❁

समाज के मानसिक और बौद्धिक धरातल को आर्यसमाज ने जितना उठाया है, शायद ही भारत की किसी संस्था ने उठाया हो। आज आर्यसमाज

के उत्सवों और गुरुकुलों के जलसों में हजारों मामूली लियाकत के स्त्री-पुरुष सिर्फ विद्वानों के भाषण सुनने का आनंद उठाने के लिए खिंचे चले जाते हैं।

—आर्यभाषा सम्मेलन के वार्षिकोत्सव पर दिए गए भाषण से उद्धृत।

❀❀❀

आलोचना का महत्त्व

दुर्भाग्यवश हिंदी के अधिकांश लेखक न डॉक्टर हैं, न फिलॉसफर, तो फिर उनकी रचनाएँ कैसे सम्मान पाएँ और कैसे आलोचना के योग्य समझी जाएँ। हम ऐसे ही कई सज्जनों को जानते हैं, जो डॉक्टर या डी. लिट. होने के पहले हिंदी में लिखते थे, लेकिन जब से डॉक्टरेट की उपाधि मिली, वे पतंग की भाँति आकाश में उड़ने लगे। आलोचना-साहित्य की उनके द्वारा पूर्ति हो सकती थी, क्योंकि रचना के लिए चाहे विशेष शिक्षा की जरूरत न हो, लेकिन आलोचना के लिए संसार-साहित्य से परिचित होने की जरूरत है।

—'साहित्य का उद्‌देश्य' नामक पुस्तक के अध्याय 'साहित्य में समालोचना' से उद्धृत।

❀❀❀

ईश्वर

क्या सचमुच मनुष्य ईश्वर का खिलौना है? यही मानव जीवन का महत्त्व है? वह केवल बालकों का घरौंदा है, जिसके बनाने का न कोई हेतु है, न बिगाड़ने का। फिर बालकों को भी अपने घरौंदे से, अपने कागज की नावों से, अपने लकड़ी के घोड़ों से ममता होती है। अच्छे खिलौनों को वह जान के पीछे छिपाकर रखते हैं। अगर ईश्वर ही बालक है तो वह विचित्र बालक है; लेकिन बुद्धि तो ईश्वर का यह रूप स्वीकार ही नहीं करती। अनंत सृष्टि का कर्ता उद्‌दंड बालक नहीं हो सकता। हम

चाहते हैं, भविष्य में सच को झूठ बनाकर दिखाना होगा। किसी किसान का चरित्र हो या किसी देशभक्त का अथवा किसी बड़े आदमी का, पर उसका आधार यथार्थ पर होगा। तब यह काम उससे कठिन होगा, जितना अब है; क्योंकि ऐसे बहुत कम लोग हैं, जिन्हें बहुत से मनुष्यों को भीतर से जानने का गौरव प्राप्त हो।

—'कुछ विचार' नामक पुस्तक के पाठ
'उपन्यास का विषय' से उद्धृत।

❁❁❁

भारत के निवासियों ने यूरोपियन साहित्य के किसी अंग को इतना ग्रहण नहीं किया, जितना उपन्यास को। यहाँ तक कि अब उपन्यास हमारे साहित्य का एक अविच्छेद अंग बन गया है। उपन्यास का जन्म चौदहवीं-पंद्रहवीं शताब्दी के लगभग हुआ। शेक्सपियर ने अपने कई नाटकों की रचना इटालियन उपन्यासों के ही आधार पर की है। यह शैली इतनी लोकप्रिय हुई कि आज समस्त संसार में साहित्य पर उपन्यास का ही आधिपत्य है। गत पचास वर्षों में भारत की साहित्यिक शक्ति का जितना उपयोग उपन्यास-रचना में हुआ, उतना शायद साहित्य के और किसी भाग में नहीं हुआ।

❁❁❁

वास्तव में उपन्यास-रचना को सरल साहित्य भी कहा जाता है, क्योंकि इससे पाठकों का मनोरंजन होता है। उपन्यासकार को उपन्यास लिखने में उतना ही दिमाग लगाना पड़ता है, जितना किसी दार्शनिक को दर्शनशास्त्र के ग्रंथ लिखने में।

❁❁❁

लेखक का कौशल इस बात में है कि जिस चरित्र को पाठक और लेखक स्वयं दोषी समझते हैं, वह अंत में निरपराध सिद्ध हो जाए। ऐसे

उपन्यास बहुत ही रोचक सिद्ध होते हैं और उनके पढ़ने से बुद्धि तीव्र होती है तथा कठिन समस्याओं में दिमाग लड़ाने की शक्ति पैदा होती है।

—'साहित्य का उद्देश्य' नामक पुस्तक के पाठ 'उपन्यास-रचना' से उद्धृत।

❁❁❁

इस विषय में अभी तक मतभेद है कि उपन्यास में मानवीय दुर्बलताओं और कुवासनाओं का, कमजोरियों एवं अपकीर्तियों का विशद वर्णन वांछनीय है या नहीं। इसमें कोई संदेह नहीं कि जो लेखक अपने को इन्हीं विषयों में बाँध लेता है, वह कभी कलाविद् की महानता को नहीं पा सकता, जो जीवन-संग्राम में एक मनुष्य की आंतरिक दशा को सत् और असत् के संघर्ष तथा अंत में सत्य की विजय को मार्मिक ढंग से दरशाता है।

—'कुछ विचार' पुस्तक के अध्याय 'उपन्यास का विषय' से उद्धृत।

❁❁❁

उपन्यास की परिभाषा विद्वानों ने कई प्रकार से की है, लेकिन यह कायदा है कि जो चीज जितनी ज्यादा सरल होती है, उसकी परिभाषा उतनी ही सरल होती है। कविता की परिभाषा आज तक नहीं हो सकी। जितने विद्वान् हैं, उतनी ही परिभाषाएँ हैं। किन्हीं दो विद्वानों की राय नहीं मिलती। उपन्यास के विषय में भी यही बात कही जा सकती है। इसकी कोई परिभाषा नहीं है, जिस पर सभी लोग सहमत हों।

❁❁❁

मैं उपन्यास को मानव-चरित्र का चित्र समझता हूँ। मानव-चरित्र पर प्रकाश डालना और उसके रहस्यों को खोलना ही उपन्यास का मूल तत्त्व है।

—'कुछ विचार' पुस्तक के अध्याय 'उपन्यास' से उद्धृत।

❁❁❁

उपन्यास का क्षेत्र अपने विषय के लिहाज से अन्य ललित कलाओं से कहीं ज्यादा विस्तृत है।

❁❁❁

अगर आपको इतिहास से प्रेम है तो आप अपने उपन्यास में गहरे-से-गहरे ऐतिहासिक तत्त्वों का निरूपण कर सकते हैं। अगर आपको दर्शन में रुचि है तो आप उपन्यास में महान् दार्शनिक तत्त्वों का विवेचन कर सकते हैं। अगर आप में कवित्व शक्ति है तो उपन्यास में उसके लिए भी काफी गुंजाइश है।

❁❁❁

खेद है कि आजकल के उपन्यासों में गहरे भावों को स्पर्श करने का बहुत कम मसाला रहता है। अधिकांश उपन्यास गहरे और प्रचंड भावों का प्रदर्शन नहीं करते। हम आएदिन की बातों में ही उलझकर रह जाते हैं।

—'कुछ विचार' पुस्तक के अध्याय
'उपन्यास का विषय' से उद्धृत।

❁❁❁

जो उपन्यास किसी प्रचार के लिए लिखा जाता है, उसका महत्त्व क्षणिक होता है।

—'कुछ विचार' नामक पुस्तक के अध्याय 'उपन्यास' से उद्धृत।

❁❁❁

कोई अपने मन का भाव किसी से नहीं कहता, बल्कि और छिपाता है। अगर किसी को किसी मित्र के मनोभावों का ज्ञान हो भी सकता है तो फिर भी बहुत कम। अत: उपन्यास लिखना लोहे के चने चबाना है।

—'साहित्य का उद्देश्य' नामक पुस्तक के अध्याय
'उपन्यास-रचना' से उद्धृत।

❁❁❁

उपन्यास और आख्यायिका

उपन्यास घटनाओं, पात्रों और चरित्रों का समूह है। आख्यायिका केवल एक घटना है, अन्य सब बातें उसी घटना के अंतर्गत होती हैं। इस विचार से उसकी तुलना ड्रामा से की जा सकती है। उपन्यास में आप चाहे जितने स्थान लाएँ, चाहे जितने दृश्य दिखाएँ, चाहे जितने चरित्र खींचें, पर यह कोई आवश्यक बात नहीं कि वे सब घटनाएँ और चरित्र एक ही केंद्र पर आकर मिल जाएँ। उनमें कितने ही चरित्र तो केवल मनोभाव दिखाने के लिए रहते हैं। पर आख्यायिका में इस बाहुल्य की गुंजाइश नहीं, बल्कि कई सुविज्ञ जनों की सम्मति तो यह है कि उसमें केवल एक ही घटना या चरित्र का उल्लेख होना चाहिए।

❁❁❁

उपन्यास वे लोग पढ़ते हैं जिनके पास रुपया है और समय भी उन्हीं के पास रहता है, जिनके पास धन होता है। आख्यायिका साधारण जनता के लिए लिखी जाती है, जिसके पास न धन है, न समय।

—'कुछ विचार' नामक पुस्तक के पाठ
'कहानी कला-1' से उद्धृत।

❁❁❁

हमें यह स्वीकार कर लेने में संकोच नहीं होना चाहिए कि उपन्यासों की तरह ही आख्यायिका की कला भी हमने पश्चिम से ली है। कम-से-कम इसका आज का विकसित रूप तो पश्चिम का ही है।

—'कुछ विचार' नामक पुस्तक के पाठ
'कहानी कला-2' से उद्धृत।

❁❁❁

वर्तमान आख्यायिका या उपन्यास का आधार ही मनोविज्ञान है। घटनाएँ और पात्र तो उसी मनोवैज्ञानिक सत्य को स्थिर करने के निमित्त

ही लाए जाते हैं। उनका स्थान बिलकुल गौण है।

—'कुछ विचार' नामक पुस्तक के पाठ 'कहानी कला-3' से उद्धृत।

❁❁❁

उपन्यासकार की गुणधर्मिता

उपन्यासकार का प्रधान गुण उसकी सृजन-शक्ति है। अगर उसमें इसका अभाव है तो वह अपने काम में कभी सफल नहीं हो सकता। उसमें और चाहे जितने अभाव हों, पर कल्पना-शक्ति की प्रखरता अनिवार्य है। अगर उसमें यह शक्ति मौजूद है तो वह ऐसे कितने ही दृश्यों, दशाओं और मनोभावों का चित्रण कर सकता है, जिनका उसे प्रत्यक्ष अनुभव नहीं है। अगर इस शक्ति की कमी है तो चाहे उसने कितना ही देशाटन क्यों न किया हो, उसके अनुभव का क्षेत्र कितना ही विस्तृत क्यों न हो, उसकी रचना में सरसता नहीं आ सकती।

❁❁❁

उपन्यासकार को इसका अधिकार है कि वह अपनी कथा को घटना-वैचित्र्य से रोचक बनाए; लेकिन शर्त यह है कि प्रत्येक घटना असली ढाँचे से निकट संबंध रखती हो। इतना ही नहीं, बल्कि उसमें इस तरह घुल-मिल गई हो कि कथा का आवश्यक अंग बन जाए, अन्यथा उपन्यास की दशा उस घर की-सी हो जाएगी, जिसके हर एक हिस्से अलग-अलग हों। जब लेखक अपने मुख्य विषय से हटकर किसी दूसरे प्रश्न पर बहस करने लगता है तो वह पाठक के उस आनंद में बाधक हो जाता है, जो उसे कथा में आ रहा था।

❁❁❁

सफल उपन्यासकार का सबसे बड़ा लक्षण है कि वह अपने पाठकों के हृदय में उन्हीं भावों को जाग्रत् कर दे, जो उसके पात्रों में हों। पाठक भूल जाए कि वह कोई उपन्यास पढ़ रहा है। उसके और पात्रों के बीच में

आत्मीयता का भाव उत्पन्न हो जाए।

—*'कुछ विचार' नामक पुस्तक के पाठ 'उपन्यास का विषय' से उद्धृत।*

❁❁❁

उपन्यासकार को दशाओं और मनोभावों का वर्णन करने में अपनी कल्पना शक्ति ही सबसे बड़ी मददगार है। ऐसा विरला ही कोई प्राणी होगा, जिसने बचपन में पैसे या मिठाई न चुराई हो या चोरी से मेला देखने या दंगल देखने न गया हो या फिर अध्यापक से बहाने न किए हों। यदि कल्पना-शक्ति तीव्र हो तो इतने अनुभव चोरों और डकैतों के मनोभाव चित्रित करने में कृतकार्य कर सकते हैं।

❁❁❁

लेखक को प्राकृतिक दृश्यों का, विचित्र घटनाओं का ध्यान से अवलोकन करना चाहिए। प्रातःकाल समीर के झोंकों में नदी की तरंगों की कैसी छटा होती है, आकाश कौन-कौन से रूप धारण करता है—ऐसे अगणित दृश्य सफलता के साथ वही लिख सकता है, जिसने स्वयं उनको गौर से देखा हो। केवल कल्पना यहाँ काम नहीं कर सकती। लाजिमी है कि लेखक वही दृश्य दिखाए, उन्हीं चित्रों की तुलना करे, जिनका उसने अनुभव किया हो। जिसने समुद्र नहीं देखा, वह किसी समुद्र का दृश्य क्योंकर लिखेगा? जिसने ग्रामीणों की संगति नहीं की, वह ग्रामीण जीवन का चित्र क्योंकर खींच सकता है? यही सफलता प्राप्त करने के लिए यूरोप के कई विख्यात उपन्यासकारों ने वेश बदलकर उन स्थितियों का अध्ययन किया है, जिनके आधार पर वे अपना उपन्यास लिखना चाहते थे।

❁❁❁

उपन्यासकार यह कभी नहीं भूल सकता कि उसका प्रधान कर्तव्य पाठकों का गम गलत करना और उनका मनोरंजन करना है—और सभी

बातें इसके अधीन हैं। जब पाठक का ही जी कहानी में नहीं लगा तो वह लेखक के भावों को क्या समझेगा? उसके अनुभवों से क्या लाभ उठाएगा? वह घृणा के साथ किताब को पटक देगा और सदा के लिए उपन्यासों का निंदक हो जाएगा।

—'साहित्य का उद्‌देश्य' नामक पुस्तक के अध्याय 'उपन्यास-रचना' से उद्‌धृत।

❁❁❁

उपन्यासकार को अपनी सामग्री आले पर रखी हुई पुस्तकों से नहीं, बल्कि उन मनुष्यों के जीवन से लेनी चाहिए, जो उसे नित्य ही चारों तरफ मिलते रहते हैं।

—'कुछ विचार' नामक पुस्तक के अध्याय 'उपन्यास' से उद्‌धृत।

❁❁❁

चरित्रों का विश्लेषण करना और जीवन के अनुभवों को प्रकट करना, इन दोनों प्रकार के उपन्यासों को लिखने के लिए आवश्यक है कि लेखक में दिव्य कल्पना-शक्ति के साथ अवलोकन और निरीक्षण की भी प्रचुर मात्रा हो। अतः कहा गया है कि उपन्यासकार को सभी श्रेणी के मनुष्यों से मिलना-जुलना आवश्यक है। उसे अपनी आँखें और कान सदैव खुले रखने चाहिए।

—'साहित्य का उद्‌देश्य' नामक पुस्तक के अध्याय 'उपन्यास-रचना' से उद्‌धृत।

❁❁❁

उपन्यास की शैली एवं चरित्र-चित्रण

इसमें संदेह नहीं कि उपन्यास की रचना-शैली सजीव और प्रभावोत्पादक होनी चाहिए; लेकिन इसका अर्थ यह नहीं कि हम शब्दों

का गोरख-धंधा रचकर पाठक को इस भ्रम में डाल दें कि इसमें जरूर कोई-न-कोई गूढ़ आशय है। जिस तरह किसी आदमी का ठाट-बाट देखकर हम उसकी वास्तविक स्थिति के विषय में गलत राय कायम कर लिया करते हैं, उसी तरह उपन्यासों के शाब्दिक आडंबर देखकर भी हम खयाल करने लगते हैं कि कोई महत्त्व की बात छिपी हुई है। संभव है, ऐसे लेखक को थोड़ी देर के लिए यश मिल जाए, किंतु जनता उन्हीं उपन्यासों को आदर का स्थान देती है, जिनकी विशेषता उनकी गूढ़ता नहीं, उनकी सरलता होती है।

❁❁❁

यह सच है कि संसार की प्रत्येक वस्तु उपन्यास का उपयुक्त विषय बन सकती है। प्रकृति का प्रत्येक रहस्य, मानव जीवन का हर एक पहलू जब किसी सुयोग्य लेखक की कलम से निकलता है तो वह साहित्य का रत्न बन जाता है; लेकिन इसके साथ ही विषय का महत्त्व और उसकी गहराई भी उपन्यास के सफल होने में बहुत सहायक होती है। यह जरूरी नहीं कि हमारे चरित्र नायक ऊँची श्रेणी के ही मनुष्य हों। हर्ष और शोक, प्रेम और अनुराग, ईर्ष्या और द्वेष मनुष्यमात्र में व्यापक हैं। हमें केवल हृदय के उन तारों पर चोट करनी चाहिए, जिनकी झनकार से पाठकों के हृदय पर भी वैसा ही प्रभाव हो।

❁❁❁

इस विषय में अभी तक मतभेद हैं कि उपन्यास में मानवीय दुर्बलताओं और कुवासनाओं का, कमजोरियों और अपकीर्ति का विशद वर्णन वांछनीय है या नहीं; मगर इसमें कोई संदेह नहीं कि जो लेखक अपने को इन्हीं विषयों में बाँध लेता है, वह कभी कलाविद् की महानता को नहीं पा सकता। जो जीवन-संग्राम में एक मनुष्य की आंतरिक दशा को सत् और असत् के संघर्ष और अंत में सत्य की विजय को मार्मिक ढंग से दरशाता है।

❁❁❁

उपन्यास के चरित्रों का चित्रण जितना ही स्पष्ट, गहरा और विकासपूर्ण होगा, उतना ही पढ़नेवालों पर उसका असर होगा और यह लेखक की रचना-शक्ति पर निर्भर है। जिस तरह किसी मनुष्य को देखते ही हम उसके मनोभावों से परिचित नहीं हो जाते, ज्यों-ज्यों हमारी घनिष्ठता उससे बढ़ती है, त्यों-त्यों उसके मनो-रहस्य खुलते हैं। उसी तरह उपन्यास के चरित्र भी लेखक की कल्पना में पूर्ण रूप से नहीं आ जाते, बल्कि उनमें क्रमशः विकास होता है। यह विकास इतने गुप्त तथा अस्पष्ट रूप से होता है कि पढ़नेवालों को किसी तब्दीली का ज्ञान भी नहीं होता। अगर चरित्रों में किसी का विकास रुक जाए तो उसे उपन्यास से निकाल देना चाहिए, क्योंकि उपन्यास चरित्रों के ही विकास का विषय है। अगर उसमें विकास दोष है तो वह उपन्यास कमजोर हो जाएगा। कोई चरित्र अंत में भी वैसा ही रहे, जैसा वह पहले था; उसके बल, बुद्धि और भावों का विकास न हो तो वह असफल चरित्र है।

—'कुछ विचार' नामक पुस्तक के पाठ
'उपन्यास का विषय' से उद्धृत।

❀❀❀

उपन्यास में चरित्र

उपन्यास की सबसे बड़ी विभूति ऐसे चरित्रों की सृष्टि है, जो अपने सद्व्यवहार और सद्विचार से पाठक को मोहित कर लें। जिस उपन्यास के चरित्रों में यह गुण नहीं है, वह दो कौड़ी का है। चरित्र को उत्कृष्ट और आदर्श बनाने के लिए यह जरूरी नहीं है कि वह निर्दोष हो। महान्-से-महान् पुरुषों में भी कुछ-न-कुछ कमजोरियाँ होती हैं। चरित्र को सजीव बनाने के लिए उसकी कमजोरियों का दिग्दर्शन कराने से कोई हानि नहीं होती, बल्कि यही कमजोरियाँ उस चरित्र को मनुष्य बना देती हैं। निर्दोष चरित्र तो देवता हो जाएगा और हम उसे समझ ही नहीं

सकेंगे। ऐसे चरित्र का हमारे ऊपर प्रभाव नहीं पड़ सकता।

—'कुछ विचार' नामक पुस्तक के अध्याय 'उपन्यास' से उद्धृत।

❁❁❁

कथा

जीवन में बहुधा हमारा अंत उस समय हो जाता है, जब वह वांछनीय नहीं होता। जीवन किसी का दायी नहीं है। उसके सुख-दुःख, हानि-लाभ, जीवन-मरण में कोई क्रम, कोई संबंध ज्ञात नहीं होता, कम-से-कम मनुष्य के लिए वह अज्ञेय है; लेकिन कथा साहित्य मनुष्य का रचा हुआ जगत् है और परिमित होने के कारण संपूर्णतः हमारे सामने आ जाता है, जहाँ वह हमारी मानवी न्याय बुद्धि या अनुभूति का अतिक्रमण करता हुआ पाया जाता है, हम उसे दंड देने के लिए तैयार हो जाते हैं। कथा में अगर किसी को सुख प्राप्त होता है तो इसका कारण बताना होगा, दुःख भी मिलता है तो उसका कारण बताना होगा। यहाँ कोई चरित्र मर नहीं सकता, जब तक कि मानवी न्याय बुद्धि उसकी मौत न माँगे।

—'कुछ विचार' नामक पुस्तक के पाठ 'कहानी कला-2' से उद्धृत।

❁❁❁

कर्तव्य

बाधाओं पर विजय पाना और अवसर देखकर काम करना ही मनुष्य का कर्तव्य है।

— सामाजिक उपन्यास 'निर्मला' के अध्याय 11 से उद्धृत।

❁❁❁

कला

साहित्य कला के आध्यात्मिक सामंजस्य का व्यक्त रूप है और सामंजस्य सौंदर्य की सृष्टि करता है, नाश नहीं। वह हममें वफादारी,

सच्चाई, सहानुभूति, न्यायप्रियता और समता के भावों की पुष्टि करता है। जहाँ ये भाव हैं, वहीं दृढ़ता है और जीवन है। जहाँ इनका अभाव है, वहीं फूट, विरोध, स्वार्थपरता है। द्वेष, शत्रुता और मृत्यु है। यह विलगाव और विरोध प्रकृति-विरुद्ध जीवन के लक्षण हैं; जैसे रोग प्रकृति-विरुद्ध आहार-विहार का चिह्न है।

❁❁❁

मुझे यह कहने में हिचक नहीं कि मैं चीजों की तरह कला को भी उपयोगिता की तुला पर तौलता हूँ। निस्संदेह कला का उद्देश्य सौंदर्य-वृत्ति की पुष्टि करना है और वह हमारे आध्यात्मिक आनंद की कुंजी है; पर ऐसा कोई रुचिगत मानसिक व आध्यात्मिक आनंद नहीं, जो अपनी उपयोगिता का पहलू न रखता हो। आनंद स्वतः एक उपयोगिता-युक्त वस्तु है और उपयोगिता की दृष्टि से एक वस्तु से हमें सुख भी होता है और दुःख भी।

❁❁❁

हमें सुंदरता की कसौटी बदलनी होगी। अभी तक यह कसौटी अमीरी और विलासिता के ढंग की थी। हमारा कलाकार अमीरी का पल्ला पकड़े रहना चाहता था, उन्हीं की कदरदानी पर उसका अस्तित्व अवलंबित था और उन्हीं के सुख-दुःख, आशा-निराशा, प्रतियोगिता और प्रतिद्वंद्विता की व्याख्या कला का उद्देश्य था। उसकी निगाह अंतःपुर और बँगलों की ओर उठती थी। झोंपड़े और खंडहर उसके ध्यान के अधिकारी नहीं थे। उन्हें वह मनुष्यता की परिधि के बाहर समझता था। कभी इनकी चर्चा करता भी था तो इनका मजाक उड़ाने के लिए। ग्रामवासी की देहाती वेशभूषा और तौर-तरीके पर हँसने के लिए उसका शीन-काफ दुरुस्त न होना या मुहावरों का गलत उपयोग उसके व्यंग्य-विद्रूप की स्थायी सामग्री थी। वह भी मनुष्य है, उसके

भी हृदय है और उसमें भी आकांक्षाएँ हैं, यह कला की कल्पना से बाहर की बात थी।

❁❁❁

हमारी कला यौवन के प्रेम में पागल है और यह नहीं जानती कि जवानी छाती पर हाथ रखकर कविता पढ़ने, नायिका की निष्ठुरता का रोना रोने या उनके रूप-गर्व और चोंचलों पर सिर धुनने में नहीं है। जवानी नाम है आदर्शवाद का, हिम्मत का, कठिनाई से मिलने की इच्छा का तथा आत्म-त्याग का।

—'प्रगतिशील लेखक संघ' के लखनऊ अधिवेशन में दिए गए भाषण से उद्धृत।

❁❁❁

कला केवल यथार्थ की नकल का नाम नहीं है। कला दिखती तो यथार्थ है, पर यथार्थ होती नहीं। उसकी खूबी यही है कि वह यथार्थ न होते हुए भी यथार्थ मालूम हो। उसका मापदंड भी जीवन के मापदंड से अलग है।

❁❁❁

कला का रहस्य भ्रांति है, पर वह भ्रांति, जिस पर यथार्थ का आवरण पड़ा हो।

—'कुछ विचार' नामक पुस्तक के पाठ 'कहानी कला-2' से उद्धृत।

❁❁❁

कला नाम था और अब भी है संकुचित रूप-पूजा का, शब्द-योजना का और भाव-निबंध का। उसके लिए कोई आदर्श नहीं है, जीवन का कोई ऊँचा उद्‌देश्य नहीं है। भक्ति, वैराग्य, अध्यात्म और दुनिया से किनाराकशी उसकी सबसे ऊँची कल्पनाएँ हैं।

—'प्रगतिशील लेखक संघ' के लखनऊ अधिवेशन में दिए गए भाषण से उद्धृत।

❁❁❁

हमारे पंथ में अहंवाद अथवा अपने व्यक्तिगत दृष्टिकोण को प्रधानता देना वह वस्तु है, जो हमें जड़ता, पतन और लापरवाही की ओर ले जाती है—और ऐसी कला हमारे लिए न तो व्यक्ति-रूप में उपयोगी है और न ही समुदाय-रूप में।

—'प्रगतिशील लेखक संघ' में लखनऊ अधिवेशन में दिए गए भाषण से उद्‌धृत।

❁❁❁

प्रकृति में जो कला है, वह प्रकृति की है, मनुष्य की नहीं। मनुष्य को तो वही कला मोहित करती है, जिस पर मनुष्य की आत्मा की छाप हो, जो गीली मिट्‌टी की भाँति मानव-हृदय के साँचे में पड़कर संस्कृत हो गई हो।

—'कुछ विचार' पुस्तक के अध्याय 'कहानी कला-3' से उद्‌धृत।

❁❁❁

अगर काउंट टॉलस्टॉय के कथनानुसार जनप्रियता को ही कला का आदर्श मान लिया जाए तो अलिफ-लैला के सामने स्वयं टॉलस्टॉय के 'वार एंड पीस' और ह्यूगो के 'लॉ मिसरेबुल' की कोई गिनती नहीं। इस सिद्धांत के अनुसार हमारी राग-रागिनियाँ, हमारी सुंदर चित्रकारियाँ और कला के अनेक रूप, जिन पर मानव-जाति को गर्व है, कला के क्षेत्र से बाहर हो जाएँगे। जन-रुचि परज और विहाग की अपेक्षा बिरहे और दादरे को ज्यादा पसंद करती है। बिरहों और ग्राम्य गीतों में बहुधा बड़े ऊँचे दर्जे की कविता होती है। फिर भी यह कहना सत्य नहीं है कि विद्वानों और आचार्यों ने कला के विकास के लिए जो मर्यादाएँ बना दी हैं, उनसे कला का रूप अधिक सुंदर और अधिक संयत हो गया है।

❁❁❁

जो कुछ स्वाभाविक है, वही सत्य है और स्वाभाविकता से दूर होकर कला अपना आनंद खो देती है और उसे समझनेवाले भी थोड़े से

ही कलाविद् रह जाते हैं। उसमें जनता के मर्म को स्पर्श करने की शक्ति नहीं रह जाती।

—'कुछ विचार' नामक पुस्तक के अध्याय
'कहानी कला -3' से उद्धृत।

❁❁❁

हमारा खयाल है कि क्यों न कुशल साहित्यकार किसी विचार-प्रधान की रचना भी इतनी सुंदरता से करे, जिसमें मनुष्य की मौलिक प्रवृत्तियों का संघर्ष निभता रहे! कला के लिए कला का वह समय होता है, जब देश संपन्न व सुखी हो। जब हम देखते हैं कि हम भाँति-भाँति के राजनीतिक और सामाजिक बंधनों में जकड़े हुए हैं। जिधर निगाह उठती है, दुःख और दरिद्रता के भीषण दृश्य दिखाई देते हैं, विपत्ति का करुण क्रंदन सुनाई देता है, तो कैसे संभव है कि किसी विचारशील प्राणी का हृदय न हिल उठे? हाँ, उपन्यासकार को इसका प्रयास अवश्य करना चाहिए कि उसके विचार परोक्ष रूप से व्यक्त हों। उपन्यास की स्वाभाविकता में उसे विचार के समावेश से कोई विघ्न न पड़ने पाए, अन्यथा उपन्यास नीरस हो जाएगा।

—'कुछ विचार' नामक पुस्तक के अध्याय
'उपन्यास' से उद्धृत।

❁❁❁

कलाकार

कलाकार हममें सौंदर्य की अनुभूति और प्रेम की उष्णता उत्पन्न करता है। उसका एक वाक्य, एक शब्द, एक संकेत इस तरह हमारे अंदर बैठता है कि हमारा अंतःकरण प्रकाशित हो जाता है। जब तक कलाकार खुद सौंदर्य-प्रेम से छककर मस्त न हो और उसकी आत्मा स्वयं इस ज्योति से प्रकाशित न हो, वह हमें यह प्रकाश क्योंकर दे सकता है?

❁❁❁

कलाकार अपनी कला से सौंदर्य की सृष्टि करके परिस्थिति को

विकास के लिए उपयोगी बनाता है; परंतु सौंदर्य भी और पदार्थों की तरह स्वरूपस्थ और निरपेक्ष नहीं है। उसकी स्थिति भी सापेक्ष है। एक रईस के लिए जो वस्तु सुख का साधन है, वही दूसरे के लिए दुःख का कारण हो सकती है। एक रईस अपने सुरक्षित व सुरम्य उद्यान में बैठकर जब चिड़ियों का कलरव गान सुनता है तो उसे स्वर्गिक सुख की प्राप्ति होती है; परंतु एक दूसरा सज्ञान मनुष्य वैभव की इस सामग्री को घृणित वस्तु समझता है।

जो आदमी सच्चा कलाकार है, वह स्वार्थमय जीवन का प्रेमी नहीं हो सकता। उसे अपनी मनःतुष्टि के लिए दिखावे की आवश्यकता नहीं। उससे तो उसे घृणा होती है।

कलाकार अपनी कला से सौंदर्य की सृष्टि करके परिस्थिति को विकास के लिए उपयोगी बनाता है।

हमारे उस कलाकार की दृष्टि अभी इतनी व्यापक नहीं कि जीवन-संग्राम में सौंदर्य का परगोत्कर्ष देखे। उपवास और नग्नता में भी सौंदर्य का अस्तित्व संभव है। इसे कदाचित् वह स्वीकार नहीं करता। उसके लिए सौंदर्य सुंदर स्त्री में है, उस बच्चोंवाली, गरीब, रूप-रहित स्त्री में नहीं, जो बच्चों को खेत की मेंड़ पर सुलाए पसीना बहा रही है! उसने निश्चय कर लिया है कि रँगे होंठों, कपोलों और भौंहों में निस्संदेह सुंदरता का वास है। उसके उलझे हुए बालों, पपड़ियाँ पड़े हुए होंठों और कुम्हलाए हुए गालों में सौंदर्य का प्रवेश कहाँ?

—'प्रगतिशील लेखक संघ' के लखनऊ अधिवेशन में दिए गए भाषण से उद्धृत।

कल्पना

अगर किसी लेखक की बुद्धि कल्पना-कुशल है तो वह सूक्ष्मतम भावों से जीवन को व्यक्त कर देती है। वह वायु के स्पंदन को भी जीवन प्रदान कर सकती है। लेकिन कल्पना के लिए कुछ आधार अवश्य ही चाहिए।

—'कुछ विचार' नामक पुस्तक के अध्याय 'उपन्यास' से उद्‌धृत।

❁❁❁

कर्तव्य

बाधाओं पर विजय पाना और अवसर देखकर काम करना ही मनुष्य का कर्तव्य है।

—सामाजिक उपन्यास 'निर्मला' के अध्याय 11 से उद्‌धृत।

❁❁❁

कहानी

कहानी ध्रुपद की वह तान है, जिसमें गायक महफिल शुरू होते ही अपनी संपूर्ण प्रतिभा दिखा देता है। एक क्षण में चित्त को इतने माधुर्य से परिपूरित कर देता है, जितना रात भर गाना सुनने से भी नहीं होता।

❁❁❁

आजकल कथा भिन्न-भिन्न रूप से आरंभ की जाती है। कहीं दो मित्रों की बातचीत से कथा आरंभ हो जाती है, कहीं पुलिस-कोर्ट के एक दृश्य से। परिचय पीछे आता है। यह अंग्रेजी आख्यायिकाओं की नकल है। इससे कहानी अनायास ही जटिल और दुर्बोध हो जाती है। यूरोपवालों की देखा-देखी पत्रों द्वारा, डायरी या टिप्पणियों द्वारा भी कहानियाँ लिखी जाती हैं। मैंने इन सभी प्रथाओं पर रचना की है; पर वास्तव में इससे कहानी की सरलता में बाधा पड़ती है।

—'कुछ विचार' नामक पुस्तक के पाठ 'कहानी कला-1' से उद्‌धृत।

❁❁❁

मनुष्य ने जगत् में जो कुछ सत्य और सुंदर पाया है और पा रहा है, उसी को साहित्य कहते हैं और कहानी भी साहित्य का एक भाग है।

❀❀❀

यह समझना भूल होगी कि कहानी जीवन का यथार्थ चित्र है। यथार्थ जीवन का चित्र तो मनुष्य स्वयं हो सकता है; मगर कहानी के पात्रों के सुख-दुःख से हम जितना प्रभावित होते हैं, उतना यथार्थ जीवन से नहीं होते। जब तक वह निजत्व की परिधि में न आ जाए, कहानियों में पात्रों से हमें एक-दो मिनट के ही परिचय से निजत्व हो जाता है और हम उनके साथ हँसने-रोने लगते हैं। उनका हर्ष और विषाद हमारा अपना हर्ष और विषाद हो जाता है। इतना ही नहीं, बल्कि कहानी पढ़कर वे लोग भी रोते और हँसते देखे जाते हैं, जिन पर साधारण सुख-दुःख का कोई असर नहीं पड़ता।

❀❀❀

पुराने दृष्टांत भी रूपांतरित होकर कहानी बन गए, मगर सौ बरस पहले यूरोप भी इस कला से अनभिज्ञ था। बड़े-बड़े व उच्च कोटि के दार्शनिक, ऐतिहासिक तथा सामाजिक उपन्यास लिखे जाते थे, लेकिन छोटी-छोटी कहानियों की ओर किसी का ध्यान नहीं जाता था। हाँ, परियों और भूतों की कहानियाँ लिखी जाती थीं। किंतु इसी एक शताब्दी के अंदर या उससे भी कम समय में समझिए, छोटी कहानियों ने साहित्य के अन्य सभी अंगों पर विजय प्राप्त कर ली है और यह कहना गलत न होगा कि जैसे किसी जमाने में काव्य ही साहित्यिक अभिव्यक्ति का व्यापक रूप था, वैसे ही आज कहानी है।

❀❀❀

कहानी के लिए पंद्रह-बीस मिनट ही काफी हैं। अतएव हम कहानी ऐसे चाहते हैं कि वह थोड़े-से-थोड़े शब्दों में कही जाए। उसमें एक वाक्य,

एक शब्द भी अनावश्यक न आने पाए। उसका पहला ही वाक्य मन को आकर्षित कर ले और अंत तक उसे मुग्ध किए रहे और उनमें कुछ चटपटापन हो, कुछ ताजगी हो और इसके साथ ही कुछ तत्त्व भी हों। तत्त्वहीन कहानी से मनोरंजन भले ही हो जाए, लेकिन मानसिक तृप्ति नहीं होती। यह सच है कि हम कहानियों में उपदेश नहीं चाहते, लेकिन विचारों को उत्तेजित करने के लिए, मन के सुंदर भावों को जाग्रत् करने के लिए कुछ-न-कुछ अवश्य चाहते हैं।

❁❁❁

वही कहानी सफल होती है, जिसमें मनोरंजन और मानसिक तृप्ति में से एक अवश्य उपलब्ध हो।

❁❁❁

सबसे उत्तम कहानी वह होती है, जिसका आधार किसी मनोवैज्ञानिक सत्य पर हो। साधु पिता का अपने कुव्यसनी पुत्र की दशा से दुःखी होना मनोवैज्ञानिक सत्य है। इस आवेग में पिता के मनोवेगों को चित्रित करना और तदनुकूल उसके व्यवहारों को प्रदर्शित करना कहानी को आकर्षक बना सकता है। बुरा आदमी भी बिलकुल बुरा नहीं होता, उसमें कहीं देवता अवश्य छुपा होता है, यह मनोवैज्ञानिक सत्य है। उस देवता को खोलकर दिखा देना सफल आख्यायिका लेखक का काम है। विपत्ति-पर-विपत्ति पड़ने से मनुष्य कितना दिलेर हो जाता है, यहाँ तक कि बड़े-से-बड़े संकट का सामना करने के लिए ताल ठोंककर तैयार हो जाता है। उसकी दुर्बलता भाग जाती है। उसके हृदय के किसी गुप्त स्थान में छिपे हुए जौहर निकल आते हैं और हमें चकित कर देते हैं, यह मनोवैज्ञानिक सत्य है। एक ही घटना या दुर्घटना भिन्न-भिन्न प्रकृति के मनुष्यों को भिन्न-भिन्न रूप से प्रभावित करती है। हम कहानी में इसको सफलता के साथ दिखा सकें तो कहानी अवश्य आकर्षक होगी।

❁❁❁

किसी समस्या का समावेश कहानी को आकर्षक बनाने का सबसे उत्तम साधन है। जीवन में ऐसी समस्याएँ नित्य ही उपस्थित होती रहती हैं और उनसे पैदा होनेवाला द्वंद्व आख्यायिका को चमका देता है।

❁❁❁

उपन्यासों की भाँति कहानियाँ भी कुछ घटना-प्रधान होती हैं, कुछ चरित्र-प्रधान। चरित्र-प्रधान कहानी का पद ऊँचा समझा जाता है, मगर कहानी में बहुत विस्तृत विश्लेषण की गुंजाइश नहीं होती। यहाँ हमारा उद्देश्य संपूर्ण मनुष्य को चित्रित करना नहीं, वरन् उसके चरित्र का एक अंग दिखाना है। यह परमावश्यक है कि हमारी कहानी से जो परिणाम या तत्त्व निकले, वह सर्वमान्य हो और उसमें कुछ बारीकी हो। यह एक साधारण नियम है कि हमें उसी बात में आनंद आता है, जिससे हमारा कुछ संबंध हो। जुआ खेलनेवालों को जो उन्माद और उल्लास होता है, वह दर्शकों को कदापि नहीं हो सकता। जब हमारे चरित्र इतने सजीव और आकर्षक होते हैं कि पाठक अपने को उनके स्थान पर समझ लेता है, तभी उस कहानी में आनंद प्राप्त होता है।

❁❁❁

अब हम कहानी का मूल्य उसके घटना-विन्यास से नहीं लगाते। हम चाहते हैं, पात्रों की मनोगति स्वयं घटनाओं की सृष्टि करे। घटनाओं का स्वतंत्र कोई महत्त्व ही नहीं रहा। उनका महत्त्व केवल पात्रों के मनोभावों को व्यक्त करने की दृष्टि से ही है। उसी तरह, जैसे शालग्राम स्वतंत्र रूप से केवल पत्थर का एक गोल टुकड़ा है, लेकिन उपासक की श्रद्धा से प्रतिष्ठित होकर देवता बन जाता है।

—*'कुछ विचार' नामक पुस्तक के पाठ*
'कहानी कला-2' से उद्धृत।

❁❁❁

कहानी सदैव से जीवन का एक विशेष अंग रही है।

❁❁❁

बाल-जीवन की मधुर स्मृतियों में कहानी शायद सबसे मधुर है।

❁❁❁

मनुष्य जीवन की सबसे बड़ी लालसा यही है कि वह कहानी बन जाए और उसकी कीर्ति हर एक जबान पर हो।

❁❁❁

अब लोग यह भी स्वीकार करने लगे हैं कि कहानी कोरी गप नहीं है और उसे मिथ्या समझना भूल है। आज से दो हजार बरस पहले यूनान के विख्यात दार्शनिक अफलातून ने कहा था, "हर एक काल्पनिक रचना में मौलिक सत्य मौजूद रहता है।" रामायण व महाभारत आज भी उतने ही सत्य हैं जितने आज से पाँच हजार साल पहले थे।

❁❁❁

किसी ने ठीक कहा है कि "कहानी में नाम और सन् के सिवा अन्य सबकुछ सत्य है और इतिहास में नाम और सन् के सिवा कुछ भी सत्य नहीं।"

—'कुछ विचार' नामक पुस्तक के पाठ
'कहानी कला-3' से उद्धृत।

❁❁❁

किसी समस्या का समावेश कहानी को आकर्षक बनाने का सबसे उत्तम साधन है। जीवन में ऐसी समस्याएँ नित्य ही उपस्थित होती रहती हैं और उनसे पैदा होनेवाला द्वंद्व आख्यायिका को चमका देता है। सत्यवादी पिता को मालूम होता है कि उसके पुत्र ने हत्या की है। वह उसे न्याय की वेदी पर बलिदान कर दे या अपने जीवन-सिद्धांतों की हत्या कर डाले? कितना भीषण द्वंद्व है! पश्चात्ताप ऐसे भीषण द्वंद्वों का अखंड स्रोत है।

एक भाई ने अपने दूसरे भाई की संपत्ति छल-कपट से अपहृत कर ली है तो उसे भिक्षा माँगते देखकर क्या छली भाई को जरा-सा भी पश्चात्ताप नहीं होगा? अगर ऐसा न हो तो वह मनुष्य नहीं है।

—'कुछ विचार' पुस्तक के अध्याय 'कहानी कला -2' से उद्धृत।

❁❁❁

कहानियों का जन्म तो उसी समय से हुआ, जब आदमी ने बोलना सीखा; लेकिन प्राचीन कथा-साहित्य का हमें जो कुछ ज्ञान है, वह 'कथा-साहित्यकार', 'ईसप की कहानियाँ' और 'अलिफ-लैला' आदि पुस्तकों से हुआ है। ये सब उस समय के साहित्य के उज्ज्वल रत्न हैं। उनका मुख्य लक्षण उनका कथा-वैचित्र्य था। मानव-हृदय को वैचित्र्य से सदैव प्रेम रहा है। अनोखी घटनाओं और प्रसंगों को सुनकर हम अपने बाप-दादा की भाँति ही आज भी प्रसन्न होते हैं। हमारा खयाल है कि जन-रुचि जितनी आसानी से अलिफ-लैला की कथाओं का आनंद उठाती है, उतनी आसानी से नवीन उपन्यासों का आनंद नहीं उठा सकती।

—'कुछ विचार' नामक पुस्तक के अध्याय 'कहानी कला' से उद्धृत।

❁❁❁

कहानी वही अद्‌भुत होती है, जो प्रकृति के नियमों के विरुद्ध हो। प्राचीन कहानियाँ बहुधा इसी किस्म की होती थीं। ऐसी कहानी का उद्‌देश्य केवल पाठकों का मनोरंजन करना है।

—'साहित्य का उद्‌देश्य' नामक पुस्तक के अध्याय 'उपन्यास-रचना' से उद्धृत।

❁❁❁

कहानी का महत्त्व

साहित्य में कहानी का स्थान इसीलिए ऊँचा है कि वह एक क्षण में

ही बिना किसी घुमाव-फिराव के किसी-न-किसी भाव को प्रकट कर देती है। चाहे थोड़ी ही मात्रा में क्यों न हो, वह हमारे परिचय का, दूसरों में अपने को देखने का, दूसरों के हर्ष या शोक को अपना बना लेने का क्षेत्र बढ़ा देती है।

❁❁❁

हमारा खयाल है कि कहानियों ने अपने सार्वभौम आकर्षण के कारण संसार के प्राणियों को एक-दूसरे के जितना निकट कर दिया है, उनमें जो एकात्म-भाव उत्पन्न कर दिया है, उतना और किसी चीज ने नहीं किया। हम ऑस्ट्रेलिया का गेहूँ खाकर, चीन की चाय पीकर, अमेरिका की मोटरों में बैठकर भी उनको उत्पन्न करनेवाले प्राणियों से बिलकुल अपरिचित रहते हैं, लेकिन मोपासाँ, अनातोले फ्रांस्वा, चेखव और टॉलस्टॉय की कहानियाँ पढ़कर हमने फ्रांस और रूस से आत्मिक संबंध स्थापित कर लिया है।

❁❁❁

अभी बहुत दिन नहीं हुए कि कहानियों का पढ़ना समय का दुरुपयोग समझा जाता था। बचपन में हम कभी कोई किस्सा पढ़ते पकड़ लिये जाते थे, तो कड़ी डाँट पड़ती थी। यह खयाल किया जाता था कि किस्सों से चरित्र भ्रष्ट हो जाता है। 'फिसाना अजायब', 'शुक-बहतरी' और 'तोता-मैना' के उन दिनों में ऐसा खयाल होना स्वाभाविक ही था। उस वक्त कहानियाँ कहीं स्कूल करिकुलम में रख दी जातीं, तो शायद पिताओं का एक डेपुटेशन इसके विरोध में शिक्षा विभाग के अध्यक्ष की सेवा में पहुँचता। अब छोटी-बड़ी सभी क्लासों में कहानियाँ पढ़ाई जाती हैं और परीक्षाओं में उन पर प्रश्न किए जाते हैं।

—'कुछ विचार' नामक पुस्तक के पाठ
'कहानी कला-3' से उद्धृत।

❁❁❁

किसान

सीधे-सादे किसान धन हाथ आते ही धर्म और कीर्ति की ओर झुकते हैं। दिव्य समाज की भाँति वे पहले अपने भोग-विलास की ओर नहीं दौड़ते।

—कथा-संग्रह 'मानसरोवर-5' की कहानी 'सुजान भगत' से उद्‌धृत।

❁❁❁

कुल-मर्यादा

कुल-मर्यादा संसार की सबसे उत्तम वस्तु है। उस पर प्राण तक न्यौछावर कर दिए जाते हैं।

—कथा-संग्रह 'मानसरोवर-5' की कहानी 'बहिष्कार' से उद्‌धृत।

❁❁❁

कौमी भाषा

संभव है कि इस वक्त आपको राष्ट्रीय भाषा की जरूरत न मालूम होती हो और अंग्रेजी से आपका काम मजे से चल सकता हो; लेकिन अगर आगे चलकर हमें फिर हिंदुस्तान को घरेलू लड़ाइयों से बचाना है तो हमें उन सारे नातों को मजबूत बनाना पड़ेगा, जो राष्ट्र के अंग हैं और जिनमें कौमी भाषा का स्थान सबसे ऊँचा नहीं तो किसी से कम भी नहीं है। जब तक आप अंग्रेजी को अपनी कौमी भाषा बनाए हुए हैं, तब तक आपकी आजादी की धुन पर किसी को विश्वास नहीं आता। वह भीतर की आत्मा से निकली हुई तहरीक नहीं है, बस, आजादी का शहीद बन जाने की हवस है। यहाँ जय-जय के नारे और फूलों की वर्षा नहीं; लेकिन जो लोग हिंदुस्तान को एक कौम देखना चाहते हैं और इसलिए नहीं कि वह कौम कमजोर कौमों को दबाकर, भाँति-भाँति के मायाजाल फैलाकर, रोशनी और ज्ञान फैलाने का ढोंग रचकर अपने अमीरों का व्यापार बढ़ाए और अपनी ताकत पर घमंड करे, बल्कि इसलिए कि वह आपस में हमदर्दी, एकता और सद्‌भाव पैदा करे तथा हमें इस योग्य

बनाए कि हम अपने भाग्य का फैसला अपनी इच्छानुसार कर सकें। उनका यह फर्ज है कि कौमी भाषा के विकास और प्रचार में वे हर तरह से मदद करें।

❁❁❁

यह सब हमारे हाथ में है। विद्यालयों में हम कौमी भाषा के दर्जे खोल सकते हैं। हर ग्रेजुएट के लिए कौमी भाषा में बोलना और लिखना लाजिमी बना सकते हैं। यह भी जाहिर है कि प्रांत या एक भाषा के बोलनेवाले कौमी भाषा नहीं बना सकते। कौमी भाषा तो तभी बनेगी, जब सभी प्रांतों के दिमागदार लोग उसमें सहयोग देंगे।

❁❁❁

कितने खेद की बात है कि महात्मा गांधी के सिवा किसी भी दिमाग ने कौमी भाषा की जरूरत नहीं समझी और उस पर जोर नहीं दिया। यह काम कौमी सभाओं का है कि वे कौमी भाषा के प्रचार के लिए इनाम और तमगे दें, उसके लिए विद्यालय खोलें, पत्र निकालें और जनता में प्रोपेगेंडा करें। राष्ट्र के रूप में संगठित हुए बगैर हमारा दुनिया में जिंदा रहना मुश्किल है। यकीन के साथ कुछ भी नहीं कहा जा सकता कि इस मंजिल पर पहुँचने की शाही सड़क कौन सी है। दूसरी कौमों के साथ कौमी भाषा को देखकर सिद्ध होता है कि कौमियत के लिए लाजिमी चीजों में भाषा भी है। जिसे एक राष्ट्र बनना है, उसे कौमी भाषा भी बनानी पड़ेगी।

—27 अक्तूबर, 1934 को राष्ट्रभाषा सम्मेलन, बंबई में दिए गए भाषण से उद्धृत।

❁❁❁

क्रोध

जब हृदय जलता है तो फिर वाणी भी अग्निमय हो जाती है।

— सामाजिक उपन्यास 'निर्मला' के अध्याय-25 से उद्धृत।

❁❁❁

घर से विरक्त

संसार में सभी बालक दूध की कुल्लियाँ नहीं करते, सभी सोने के कौर नहीं खाते। कितनों को पेट भर भोजन नहीं मिलता। लेकिन घर से वही विरक्त होते हैं, जो मातृ-स्नेह से वंचित हैं।

—सामाजिक उपन्यास 'निर्मला' के अध्याय-22 से उद्धृत।

❁❁❁

छोटे-बड़े आदमी

छोटे आदमियों में तो सब ऐब होते हैं, लेकिन बड़े आदमियों में कोई ऐब नहीं होता। वे देवता होते हैं।

—कथा-संग्रह 'मानसरोवर-5' की कहानी 'मंत्र-2' से उद्धृत।

❁❁❁

जबान

ऐसी जबान, जिसके लिखने और समझनेवाले थोड़े से पढ़े-लिखे लोग ही होते हों। मसनई बेजान और बोझिल हो जाती है। जनता का मर्म स्पर्श करने की, उन तक अपना पैगाम पहुँचाने की उसमें कोई शक्ति नहीं रहती। वह उस तालाब की तरह है, जिसके घाट संगमरमर के बने हों, जिसमें कमल खिले हों, लेकिन उसका पानी बंद हो।

❁❁❁

कौम की जबान वह है, जिसे कौम समझे, जिसमें कौम की आत्मा हो और जिसमें कौम के जज्बात हों।

—वार्षिक आर्यभाषा सम्मेलन, लाहौर में दिए गए भाषण से उद्धृत।

❁❁❁

जवान बेटी

दरिद्र विधवा के लिए इससे बड़ी और क्या विपत्ति हो सकती है कि

जवान बेटी सिर पर सवार हो? लड़के नंगे पाँव पढ़ने जा सकते हैं, चौका-बरतन भी अपने हाथ से किया जा सकता है, रूखा-सूखा खाकर निर्वाह किया जा सकता है, झोंपड़े में दिन काटे जा सकते हैं; लेकिन युवती कन्या घर में नहीं बैठाई जा सकती।

—सामाजिक उपन्यास 'निर्मला' के अध्याय-4 से उद्धृत।

❁❁❁

जिज्ञासा

कुछ लोगों को भ्रम है कि अपनी रचनाओं के विषय में किसी से पूछने या राय लेने से उनका अपमान होता है; लेकिन वास्तव में, लेखक को जिज्ञासा की उतनी ही आवश्यकता है, जितनी कि किसी विद्यार्थी को।

—'साहित्य का उद्देश्य' नामक पुस्तक के अध्याय 'उपन्यास-रचना' से उद्धृत।

❁❁❁

जीवन

जीवन केवल जीना, खाना, सोना और मर जाना ही नहीं है। यह तो पशुओं का जीवन है। मानव-जीवन में भी ये सभी प्रवृत्तियाँ होती हैं, क्योंकि वह भी तो पशु है; लेकिन इनके उपरांत और कुछ भी होता है। उसमें कुछ ऐसी मनोवृत्तियाँ होती हैं, जो प्रकृति के साथ हमारे मेल में बाधक होती हैं। कुछ ऐसी हैं, जो इस मेल में सहायक बन जाती हैं। जिन प्रवृत्तियों में प्रकृति के साथ हमारा सामंजस्य बढ़ता है, वे वांछनीय होती हैं। जिनसे सामंजस्य में बाधा उत्पन्न होती है, वे दूषित हैं। अहंकार, द्वेष या क्रोध हमारे मन की बाधक प्रवृत्तियाँ हैं। यदि हम इन्हें बेरोक-टोक चलने दें तो निस्संदेह वे हमें नाश और पतन की ओर ले जाएँगी। अतः हमें उनकी लगाम रोकनी पड़ती है, उन पर संयम रखना पड़ता है, जिससे वे अपनी सीमा से बाहर न जा सकें। हम उन पर जितना कठोर संयम रख सकते हैं,

उतना ही हमारा जीवन मंगलमय हो जाता है।

—'कुछ विचार' पुस्तक के अध्याय 'जीवन में साहित्य का स्थान' से उद्धृत।

❁❁❁

डॉक्टर

डॉक्टर किसी के सगे नहीं होते। उन्हें तो बस अपने पैसे से काम है। मुरदा दोजख में जाए या विहिश्त में।

—सामाजिक उपन्यास 'निर्मला' के अध्याय-12 से उद्धृत।

❁❁❁

देवता

किसी देवता की कामना करना मुश्किल नहीं है, पर उस देवता में प्राण-प्रतिष्ठा करना बहुत मुश्किल है।

—'कुछ विचार' नामक पुस्तक के अध्याय 'उपन्यास' से उद्धृत।

❁❁❁

धर्म

किसी धर्म की महानता और फजीहत इसमें है कि वह इनसान को इनसान का कितना हमदर्द बनाता है, उसमें मानवता का कितना ऊँचा आदर्श है और उस आदर्श पर वहाँ कितना अमल किया जाता है।

❁❁❁

अगर हमारा धर्म हमें यह सिखाता है कि इनसानियत, हमदर्दी और भाईचारा सबकुछ अपने ही धर्मवालों के लिए है। उस दायरे के बाहर जितने भी लोग हैं, सभी गैर हैं और उन्हें जिंदा रहने का कोई भी हक नहीं तो मैं उस धर्म से अलग होकर विधर्मी हो जाना अधिक पसंद करूँगा।

❁❁❁

धर्म नाम है उस रोशनी का, जो कतरे को समुद्र में मिल जाने का रास्ता दिखाती है, जो हमारी जात को इमाओस्त में, हमारी आत्मा को व्यापक सर्वात्मा में मिले होने की अनुभूति या यकीन कराती है। चूँकि हमारी तबीयतें एक जैसी नहीं हैं, हमारे संस्कार एक जैसे नहीं हैं, हम उसी मंजिल तक पहुँचने के लिए अलग-अलग रास्ते अख्तियार करते हैं। इसीलिए विभिन्न धर्मों का जहूर हुआ है।

—वार्षिक आर्यभाषा सम्मेलन, लाहौर में दिए गए भाषण से उद्‌धृत।

❁❁❁

नाटक

नाटक उस वक्त पास होता है, जब रसिक समाज उसे पसंद कर लेता है। बारात का नाटक उस वक्त पास होता है, जब राह चलते आदमी उसे पसंद कर लेते हैं। नाटक की परीक्षा चार-पाँच घंटे तक होती रहती है, बारात की परीक्षा के लिए केवल इतने ही मिनटों का समय होता है। सारी सजावट, सारी दौड़-धूप और तैयारी का निबटारा पाँच मिनटों में हो जाता है। अगर सबके मुँह से 'वाह, वाह!' निकल गया तो तमाशा पास, नहीं तो फेल। रुपया, मेहनत, फिक्र सब अकारथ।

—'गबन' नामक पुस्तक से उद्‌धृत।

निंदा

औरत को रूप की निंदा जितनी अप्रिय लगती है, उससे कहीं अधिक अप्रिय पुरुष को अपने पेट की निंदा लगती है।

—सामाजिक उपन्यास 'निर्मला' के अध्याय-3 से उद्‌धृत।

❁❁❁

नेकी और बदी

संसार में सदैव नेकी का फल नेक और बदी का फल बद नहीं होता, बल्कि इसके विपरीत हुआ करता है। नेक आदमी धक्के खाते हैं,

यातनाएँ सहते हैं, मुसीबतें झेलते हैं, अपमानित होते हैं। उनको नेकी का फल उलटा मिलता है। बुरे आदमी चैन पाते हैं, नामवर होते हैं, यशस्वी बनते हैं। उनको बदी का फल उलटा मिलता है। (प्रकृति का नियम विचित्र है!)

—'कुछ विचार' नामक पुस्तक के पाठ 'उपन्यास' से उद्धृत।

❁❁❁

नौकर

दुनिया में कुछ ऐसे लोग भी होते हैं, जो किसी के नौकर न होते हुए सबके नौकर होते हैं। जिन्हें अपना कुछ खास काम न होने पर भी सिर उठाने की फुरसत नहीं होती।

—कथा-संग्रह 'मानसरोवर-5' की कहानी
'अहिंसा परमो धर्मः' से उद्धृत।

❁❁❁

नौकरी और गुलामी

नौकरी और गुलामी में अंतर है। नौकर कुछ नियमों के अधीन अपना निर्दिष्ट काम करता है। वह नियम स्वामी और सेवक दोनों पर ही लागू होता है। स्वामी अगर अपमान करे और अपशब्द कहे तो नौकर उसको सहन करने के लिए मजबूर नहीं। गुलाम के लिए कोई शर्त नहीं। उसकी दैहिक गुलामी पीछे होती है, मानसिक गुलामी पहले ही हो जाती है।

—कथा-संग्रह 'मानसरोवर-7' की कहानी 'पत्नी से पति' से उद्धृत।

❁❁❁

पुराने दौर की कविता

कवियों पर व्यक्तिवाद का रंग चढ़ा हुआ था। प्रेम का आदर्श वासनाओं को तृप्त करना था और सौंदर्य का आँखों को। इन्हीं शृंगारिक भावों को प्रकट करने में कवि-मंडली अपनी प्रतिभा और कल्पना के चमत्कार

दिखाया करती थी। पुराने दौर में कोई नई शब्द-योजना, नई कल्पना का होना दाद पाने के लिए काफी था, चाहे वह वस्तुस्थिति से कितनी ही दूर क्यों न हो। आशियाना, कफस, बर्क और खिरमन की कल्पनाएँ, विरह दशा के वर्णन में निराशा और वेदना की विविध अवस्थाएँ इस खूबी से दिखाई जाती थीं कि सुननेवाले अपना दिल थाम लेते थे। आज भी इस ढंग की कविता कितनी लोकप्रिय है, इसे हम और आप खूब जानते हैं।

❁❁❁

क्या हिंदी और क्या उर्दू, कविता में दोनों की एक हालत थी। कवियों के लिए उनकी रचना ही जीविका का साधन थी और कविता की कद्रदानी रईसों व अमीरों के सिवा और कौन कर सकता है? हमारे कवियों को साधारण जीवन का सामना करने और उसकी सच्चाइयों से प्रभावित होने के या तो अवसर ही न थे या फिर हर छोटे-बड़े पर कुछ ऐसी मानसिक गिरावट छाई थी कि मानसिक व बौद्धिक जीवन ही नहीं रह गया था।

—'प्रगतिशील लेखक संघ' के लखनऊ अधिवेशन में दिए गए भाषण से उद्धृत।

❁❁❁

पुरुषों की प्रवृत्ति

समर्थ पुरुषों को बात लग जाती है तो प्राण ले लेते हैं। सामर्थ्यहीन पुरुष अपनी ही जान पर खेल जाता है।

—कथा-संग्रह 'मानसरोवर-5' की कहानी 'आभूषण' से उद्धृत।

❁❁❁

पौराणिक गाथा

संसार-साहित्य में कुछ ऐसी कथाएँ हैं, जिन पर हजारों वर्षों से

लेखकगण आख्यायिकाएँ लिखते आए हैं और शायद हजारों वर्षों तक लिखते जाएँगे। हमारी पौराणिक कथाओं पर न जाने कितने नाटक और न जाने कितनी कथाएँ रची गई हैं। यूरोप में भी यूनान की पौराणिक गाथा कवि-कल्पना के लिए विशेष आधार है।

—'कुछ विचार' पुस्तक के अध्याय 'उपन्यास' से उद्‌धृत।

❁❁❁

प्रकृति

जहाँ प्रकृति से अनुकूलता और साम्य है, वहाँ संकीर्णता और स्वार्थ का अस्तित्व कैसे संभव होगा? जब हमारी आत्मा प्रकृति के मुक्त मंडल में पालित-पोषित होती है तो नीचता-दुष्टता के कीड़े अपने आप हवा और रोशनी से मर जाते हैं। प्रकृति से अलग होकर अपने को सीमित कर लेने से ही ये सारी मानसिक और भावगत बीमारियाँ पैदा होती हैं।

—'प्रगतिशील लेखक संघ' के लखनऊ अधिवेशन में दिए गए भाषण से उद्‌धृत।

❁❁❁

प्रकृति का सौंदर्य हमें अपने विस्तार और वैभव से पराभूत कर देता है। उससे हमें आध्यात्मिक उल्लास मिलता है।

—'कुछ विचार' नामक पुस्तक के पाठ 'कहानी कला-3' से उद्‌धृत।

❁❁❁

फागुन अपनी झोली में नवजीवन की विभूति लेकर आ पहुँचा था। आम के पेड़ दोनों हाथों से बौर की सुगंध बाँट रहे थे और आम की डालियों में छिपी हुई कोयल संगीत का गुप्त दान कर रही थी।

—सुप्रसिद्ध उपन्यास 'गोदान' के अध्याय-20 से उद्‌धृत।

❁❁❁

प्रणय

जैसे कोई वृक्ष जल और प्रकाश से बढ़ता है, लेकिन पवन के प्रबल झोंकों से ही सुदृढ़ होता है, उसी तरह प्रणय भी दुःख के आघातों से ही विकास पाता है।

—सामाजिक उपन्यास 'निर्मला' के अध्याय-17 से उद्धृत।

❁❁❁

प्रभावी साहित्य

कवि या साहित्यकार में अनुभूति की जितनी तीव्रता होती है, उसकी रचना उतनी ही आकर्षक और ऊँचे दर्जे की होती है। जिस साहित्य से हमारी सुरुचि न जगे, आध्यात्मिक और मानसिक तृप्ति न मिले, हममें शक्ति और गति न पैदा हो, हमारा सौंदर्य-प्रेम न जाग्रत् हो तथा जो हममें सच्चा संकलन और कठिनाइयों पर विजय पाने की सच्ची दृढ़ता न उत्पन्न करे, वह आज हमारे लिए बेकार है। वह साहित्य कहलाने का अधिकारी नहीं।

❁❁❁

पुराने जमाने में समाज की लगाम मजहब के हाथ में थी। मनुष्य की आध्यात्मिक और नैतिक सभ्यता का आधार धार्मिक आदेश था और वह भय या प्रलोभन से काम लेता था, पुण्य-पाप के मसले उसके साधन थे। अब साहित्य ने यह काम अपने जिम्मे ले लिया है और उसका साधन सौंदर्य-प्रेम है। वह मनुष्य में इसी सौंदर्य-प्रेम को जगाने का यत्न करता है। ऐसा कोई मनुष्य नहीं, जिसमें सौंदर्य की अनुभूति न हो। साहित्यकार में वह वृत्ति जितनी ही जाग्रत् और सक्रिय होती है, उसकी रचना उतनी ही प्रभावमयी होती है।

❁❁❁

हमें इसका निश्चय हो जाना चाहिए कि लेखक ने जो सृष्टि की है, वह प्रत्यक्ष अनुभवों के आधार पर की है और अपने पात्रों की जबान से

वह खुद बोल रहा है। इसी कारण कुछ समालोचकों ने साहित्य को लेखक का मनोवैज्ञानिक जीवन-चरित्र कहा है।

❁❁❁

हमारी कसौटी पर वही साहित्य खरा उतरेगा, जिसमें उच्च चिंतन हो, स्वाधीनता का भाव हो, सौंदर्य का सार हो, सृजन की आत्मा हो, जीवन की सच्चाइयों का प्रकाश हो, जो हममें गति और बेचैनी पैदा करे, सुलाए नहीं।

❁❁❁

हम साहित्यकारों में कर्म-शक्ति का अभाव है। यह एक कड़वी सच्चाई है। पर हम उसकी ओर से आँखें बंद नहीं कर सकते। अभी तक हमने साहित्य का जो आदर्श अपने सामने रखा था, उसके लिए कर्म की आवश्यकता नहीं थी। कर्मभाव ही उसका गुण था, क्योंकि अकसर कर्म अपने साथ पक्षपात और संकीर्णता को भी लाता है। अगर कोई व्यक्ति धार्मिक होकर अपनी धार्मिकता पर गर्व करे तो इससे कहीं अच्छा है कि वह धार्मिक न होकर 'खाओ-पियो, मौज करो' का कायल हो। ऐसा स्वच्छंदचारी तो ईश्वर की दया का अधिकारी हो भी सकता है, पर धार्मिकता का अभिमान रखनेवाले के लिए संभावना नहीं।

❁❁❁

साहित्य हमारे जीवन को स्वाभाविक और स्वाधीन बनाता है। दूसरे शब्दों में, उसी की बदौलत मन का संस्कार होता है। यही उसका मुख्य उद्‌देश्य है।

—'प्रगतिशील लेखक संघ' के लखनऊ अधिवेशन में दिए गए भाषण से उद्‌धृत।

❁❁❁

भारत का प्राचीन साहित्य आदर्शवाद का ही समर्थक है। हमें भी आदर्श की मर्यादा का ही पालन करना चाहिए। हाँ, यथार्थ का उसमें

ऐसा सम्मिश्रण होना चाहिए कि सत्य से दूर न जाना पड़े।

—'कुछ विचार' पुस्तक के पाठ 'कहानी कला-1' से उद्धृत।

❁❁❁

प्रशंसा

अपनी प्रशंसा सुनकर हम इतने मतवाले हो जाते हैं कि फिर हममें विवेक-शक्ति ही लुप्त हो जाती है। बड़े-से-बड़ा महात्मा भी अपनी प्रशंसा सुनकर फूल उठता है। हाँ, प्रशंसा करनेवाले शब्दों में भक्ति का भाव रहना आवश्यक है।

—सामाजिक उपन्यास 'प्रतिज्ञा' के अध्याय-4 से उद्धृत।

❁❁❁

प्रांतीयता की पुकार

बाज सूबों में अभी से प्रांतीयता के जज्बात पैदा होने लगे हैं। 'सूबा सूबेवालों के लिए' की सदाएँ उठने लगी हैं। 'हिंदुस्तान हिंदुस्तानियों के लिए' की सदा इस प्रांतीयता की चीख-पुकार में कहीं सूख न जाए, इसका अंदेशा अभी से होने लगा है। अगर बंगाल, बंगाल के लिए और पंजाब, पंजाब के लिए की हवा ने जोर पकड़ा तो वह कौमियत की जन्नत, जो गुलामी के पसीने और जिल्लत से बनी थी, मादूम हो जाएगी और फिर हिंदुस्तान छोटे-छोटे राज्यों का समूह होकर रह जाएगा।

—अभिलाषा सम्मेलन के वार्षिकोत्सव पर दिए गए भाषण से उद्धृत।

❁❁❁

प्राचीन एवं नवीन रचनाधर्मिता

प्राचीन कवियों और साहित्याचार्यों का यशोगान हमारा धर्म है; लेकिन जो प्राणी अतीत में रहे, पुरानी संपदा का स्वप्न देखता रहे और अपने

सामने आनेवाली बातों की तरफ से आँखें बंद कर ले, वह कभी अपने पैरों पर खड़ा हो सकता है, इसमें हमें संदेह है। पुरानों ने जो कुछ लिखा, सोचा और किया, वह पुरानी दशाओं और परिस्थितियों के अधीन किया। नए जो कुछ लिखते, सोचते या करते हैं, वे वर्तमान परिस्थितियों के अधीन करते हैं।

—'साहित्य का उद्देश्य' नामक पुस्तक के अध्याय 'साहित्य में समालोचना' से उद्धृत।

❁❁❁

प्राचीन साहित्य

हमारा प्राचीन साहित्य सारे-का-सारा काव्यमय है। यद्यपि उसमें श्रृंगार और भक्ति की मात्रा अधिक है, फिर भी बहुत कुछ पढ़ने योग्य है। भक्त कवियों की रचनाएँ देखनी हैं तो तुलसी, सूर और मीरा आदि का अध्ययन कीजिए। ज्ञान में कबीर अपना सानी नहीं रखता।

—29 दिसंबर, 1934 को दक्षिण भारत हिंदी प्रचार सभा, मद्रास में दिए गए दीक्षांत भाषण से उद्धृत।

❁❁❁

प्रेम

हमारी सारी कमजोरियों की जिम्मेदारी हमारी कुरुचि और प्रेम-भाव से वंचित होने पर है। जहाँ सच्चा सौंदर्य-प्रेम है, वहाँ प्रेम की विस्तृति है। वहाँ कमजोरियाँ कहाँ रह सकती हैं? प्रेम ही तो आध्यात्मिक भोजन है और सारी कमजोरियाँ इसी भोजन के न मिलने या दूषित भोजन के मिलने से होती हैं।

—'प्रगतिशील लेखक संघ' के लखनऊ अधिवेशन में दिए गए भाषण से उद्धृत।

❁❁❁

प्रेमी

जिन प्रेमियों को साथ रोना नसीब नहीं हुआ, वे मुहब्बत के मजे क्या जानें!

—सामाजिक उपन्यास 'निर्मला' के अध्याय-17 से उद्धृत।

❁❁❁

प्लॉट

साधारणतः प्लॉट वह कथा है, जो उपन्यास पढ़ने के बाद साधारण पाठक के हृदय-पट पर अंकित हो जाती है। पुराने ढंग की कथाओं में बस प्लॉट-ही-प्लॉट होता था, उसमें रंग और रोगन की मात्रा नहीं रहती थी। इसीलिए वह चित्र इतना भड़कीला नहीं होता था। आजकल पाँच सौ पृष्ठ के उपन्यास की कथा पाँच-दस लाइनों में ही समाप्त हो जाती है। लेकिन इन्हीं पाँच-दस पंक्तियों को सोचने में उपन्यासकार को जितना मनन और चिंतन करना पड़ता है, उतना तो सारा उपन्यास लिखने में नहीं करना पड़ता। वास्तव में, प्लॉट सोच लेने के बाद फिर लिखना बहुत आसान हो जाता है। प्लॉट सोचने के साथ ही चरित्रों की कल्पना भी करनी पड़ती है, जिनके द्वारा यह प्लॉट प्रदर्शित किया जाए।

❁❁❁

पेचीदा प्लॉट की कल्पना उतनी मुश्किल नहीं है, जितनी किसी सरल प्लॉट की। सरल प्लॉट में बहुत से चरित्रों की कल्पना नहीं करनी पड़ती।

—'साहित्य का उद्देश्य' नामक पुस्तक के अध्याय 'उपन्यास-रचना' से उद्धृत।

❁❁❁

प्लॉट में मौलिकता का होना भी आवश्यक है। जिस बात या विषय को अन्य लेखकों ने लिख डाला हो, उसे कुछ हेर-फेर करके अपना

प्लॉट बनाने की चेष्टा करना अनुपयुक्त है। प्रेम, वियोग आदि विषय इतनी बार लिखे जा चुके हैं कि उनमें अब कोई भी नवीनता शेष नहीं रही। अब तो पाठक कहानियों में नवीन भावों का, नवीन विचारों का और नवीन चित्रों का दिग्दर्शन चाहते हैं। अत: 'शुक-बसतरी' से पाठकों को तस्कीन नहीं होती। प्लॉट में कुछ-न-कुछ लाजिमी और कुछ-न-कुछ अनोखापन अवश्य ही होना चाहिए।

—'साहित्य का उद्‌देश्य' नामक पुस्तक के अध्याय 'उपन्यास-रचना' से उद्‌धृत।

❁❁❁

बचपन

हाय बचपन! तेरी याद नहीं भूलती! वह कच्चा, टूटा घर, वह पुआल का बिछौना, वह नंगे बदन, नंगे पाँव खेतों में घूमना, आम के पेड़ों पर चढ़ना—सारी बातें आँखों के सामने फिर रही हैं। चमरौधे जूते पहनकर उस वक्त कितनी खुशी होती थी, जो अब 'फ्लेक्स' के बूटों से भी नहीं होती। गरम पनुए रस में जो मजा था, वह अब गुलाब के शरबत में भी नहीं; चबैने और कच्चे बेरों में जो रस था, वह अब अंगूर और खीरमोहन में भी नहीं मिलता।

—कथा-संग्रह 'मानसरोवर-5' की कहानी 'चोरी' से उद्‌धृत।

❁❁❁

बुद्धि-बल

विदेशी भाषा सीखकर अपने गरीब भाइयों पर रोब जमाने के दिन बड़ी तेजी से विदा होते जा रहे हैं। प्रतिभा का और बुद्धि-बल का दुरुपयोग हम सदियों से करते आए हैं, जिसके बल पर हमने एक अमीरशाही स्थापित कर ली है और अपने आपको साधारण जनता से अलग कर लिया है। वह अवस्था अब बदलती जा रही है। बुद्धि-बल

ईश्वर की देन है और उसका धर्म प्रजा पर धौंस जमाना नहीं या उसका खून चूसना नहीं, बल्कि उसकी सेवा करना है।

—24 दिसंबर, 1934 को दक्षिण भारत हिंदी प्रचार सभा, मद्रास में दिए गए भाषण से उद्धृत।

❁❁❁

भाई

व्यवहार में हम 'भाई' के अर्थ का कितना ही दुरुपयोग करें, लेकिन उसकी भावना में जो पवित्रता है, वह हमारी कालिमा से कभी मलिन नहीं होती।

—सुप्रसिद्ध उपन्यास 'गोदान' के अध्याय-4 से उद्धृत।

❁❁❁

भाव और मनोविकार

बुद्धि और मनोभाव का भेद काल्पनिक ही समझना चाहिए। आत्मा में विचार, तुलना, निर्णय का अंश, बुद्धि और प्रेम, भक्ति, आनंद तथा कृतज्ञता आदि का अंश भाव है। ईर्ष्या, दंभ, द्वेष, मत्सर आदि मनोविकार हैं। साहित्य का इनसे इतना ही प्रयोजन है कि वह भावों को तीव्र और आनंदवर्धक बनाने के लिए इनकी सहायता लेता है, उसी तरह जैसे कोई कारीगर श्वेत को और श्वेत बनाने के लिए श्याम की सहायता लेता है।

—'साहित्य का उद्देश्य' नामक पुस्तक के पाठ 'साहित्य का आधार' से उद्धृत।

❁❁❁

भाषा

हमारे सम्मेलनों और अंजुमनों में अब तक आम तौर पर भाषा और उसके प्रचार पर ही बहस की जाती रही है। यहाँ तक कि उर्दू और हिंदी का जो आरंभिक साहित्य मौजूद है, उसका उद्देश्य विचारों और भावों पर असर डालना नहीं, बल्कि केवल भाषा का निर्माण करना था। वह

भी एक बड़े महत्त्व का कार्य था। जब तक भाषा एक स्थायी रूप प्राप्त न कर ले, उसमें विचारों और भावों को व्यक्त करने की शक्ति ही कहाँ से आएगी? हमारी भाषा के पायनियरों ने, रास्ता साफ करनेवालों ने हिंदुस्तानी भाषा का निर्माण करके जाति पर जो अहसान किया, उसके लिए हम उनके कृतज्ञ न हों तो यह हमारी कृतघ्नता होगी।

❁❁❁

भाषा साधन है, साध्य नहीं। अब हमारी भाषा ने वह रूप प्राप्त कर लिया है कि हम भाषा से आगे बढ़कर भाव की ओर ध्यान दें और इस पर विचार करें कि जिस उद्देश्य से यह निर्माण कार्य आरंभ किया गया था, वह क्योंकर पूरा हो। वही भाषा, जिसमें आरंभ में 'बाग-ओ-बहार' और 'बेताल पच्चीसी' की रचना ही सबसे बड़ी साहित्य-सेवा थी, अब इस योग्य हो गई है कि उसमें शास्त्र और विज्ञान के प्रश्नों की भी विवेचना की जा सके।

—'प्रगतिशील लेखक संघ' के लखनऊ अधिवेशन में दिए गए भाषण से उद्धृत।

❁❁❁

भाषा के विकास में हमारी संस्कृति की छाप होती है, और जहाँ संस्कृति में भेद होगा वहाँ भाषा में भेद होना स्वाभाविक है। जिस भाषा का हम और आप व्यवहार कर रहे हैं, वह देहली प्रांत की भाषा है; उसी तरह जैसे ब्रजभाषा, अवधी, मैथिली, भोजपुरी और मारवाड़ी आदि भाषाएँ अलग-अलग क्षेत्रों में बोली जाती हैं और सभी साहित्यिक भाषा रह चुकी हैं।

—'साहित्य का उद्देश्य' नामक पुस्तक के पाठ 'साहित्य का आधार' से उद्धृत।

❁❁❁

बोली का परिमार्जित रूप ही भाषा है।

—वार्षिक आर्य भाषा सम्मेलन, लाहौर में दिए गए भाषण से उद्धृत।

❁❁❁

प्रचलित शब्दों को शुद्ध रूप में लिखने का रिवाज भी भाषा को अकारण ही कठिन बना देता है। खेत को क्षेत्र, बरस को वर्ष, छेद को छिद्र, काम को कार्य, सूरज को सूर्य, जमुना को यमुना लिखकर आप मुँह और जीभ के लिए ऐसी कसरत का सामान रख देते हैं, जिसे नब्बे फीसदी आदमी नहीं कर सकते। इसी मुश्किल को दूर करने और भाषा को सुबोध बनाने के लिए कवियों न ब्रज भाषा और अवधी भाषा में शब्दों के प्रचलित रूप ही रखे थे। जनता में अब भी उन शब्दों का पुराना-बिगड़ा हुआ रूप चलता है; लेकिन हम विशुद्धता की धुन में पड़े हुए हैं।

❁❁❁

अगर हम यह मान लें कि हिंदुस्तान के लिए एक कौमी जबान की जरूरत है, जिसे सारा मुल्क समझ सके तो हमें उसके लिए तपस्या करनी पड़ेगी। हमें ऐसी सभाएँ खोलनी पड़ेंगी, जहाँ लेखक लोग कभी-कभी मिलकर साहित्यों के विषयों पर, उसकी प्रवृत्तियों पर आपस में खयालात का तबादला कर सकें। दिलों की दूरी भाषा की दूरी का मुख्य कारण है।

❁❁❁

हम देखते हैं कि ऐतिहासिक परंपरा प्रांतीयता की ओर है। आज जो अलग-अलग सूबे हैं, वे किसी जमाने में अलग-अलग राज थे। कुदरती हदें भी उन्हें दूसरे से अलग किए हुए हैं और उनकी भाषा, साहित्य, संस्कृति—सब एक ही हैं। एकता के सारे साधन रहते हुए भी वे अपनी स्वाधीनता को कायम नहीं रख सके। इसका सबब यही तो है कि उन्होंने

अपने आपको किले में बंद कर लिया और बाहर की दुनिया से कोई भी संबंध नहीं रखा। अगर उसी अलहदगी की रीति से वे फिर काम लेंगे तो फिर शायद तारीख अपने को दोहराए। हमें तारीख से यही सबक नहीं लेना चाहिए कि हम क्या थे, बल्कि यह भी देखना चाहिए कि हम क्या हो सकते थे। अकसर हमें तारीख को भूल जाना पड़ता है। भूत हमारे भविष्य का रहबर नहीं हो सकता। जिन कुपथ्यों से हम बीमार हुए थे, क्या अच्छे हो जाने पर फिर वही कुपथ्य करेंगे? चूँकि इस अलहदगी की बुनियाद भाषा है, इसलिए भाषा के ही द्वार से प्रांतीयता की काया में राष्ट्रीयता के प्रमाण डालने पड़ेंगे।

—वार्षिक आर्यभाषा सम्मेलन, लाहौर में दिए गए भाषण से उद्धृत।

❁❁❁

भाषा सुंदरी को कोठरी में बंद करके आप उसका सतीत्व तो बचा सकते हैं, लेकिन उसके जीवन का मूल्य देकर। उसकी आत्मा स्वयं इतनी बलवान् बनाइए कि वह अपने सतीत्व और स्वास्थ्य दोनों की ही रक्षा कर सके। बेशक हमें ऐसे ग्रामीण शब्दों को दूर रखना होगा, जो किसी खास इलाके में बोले जाते हैं। हमारा आदर्श तो यह होना चाहिए कि हमारी भाषा अधिक-से-अधिक आदमी समझ सकें।

❁❁❁

सरल शब्द मिलते ही नहीं और मिलते हैं तो भाषा में खपते नहीं, भाषा का रूप बिगाड़ देते हैं; जैसे खीर में नमक के डले स्वाद का मजा किरकिरा कर देते हैं। इसका कारण स्पष्ट है कि हमारी जनता में भाषा का ज्ञान बहुत ही थोड़ा है और आमफहम शब्दों की संख्या बहुत कम है।

—29 दिसंबर, 1934 को दक्षिण भारत हिंदी प्रचार सभा, मद्रास में दिए गए दीक्षांत भाषण से उद्धृत।

❁❁❁

किसी कौम के जीवन और उसकी तरक्की में भाषा का कितना बड़ा हाथ है, इसे सब जानते हैं और उसकी तशरीह करना विद्वानों की तौहीन करना है। यह दो पैरोंवाला जीव उसी वक्त आदमी बना, जब उसने बोलना सीखा। यूँ तो सभी जीवधारियों की एक भाषा होती है। वह उसी भाषा में अपनी खुशी और रंज, अपना क्रोध और भय, अपनी 'हाँ' या 'नहीं' बता दिया करता है।

❁❁❁

समाज की बुनियाद भाषा है। भाषा के बिना किसी समाज का खयाल भी नहीं किया जा सकता। किसी स्थान की जलवायु, उसके नदी और पहाड़, उसकी सर्दी और गरमी तथा अन्य मौसमी हालत सब मिल-जुलकर वहाँ के जीवों में एक विशेष आत्मा का विकास करते हैं, जो कि प्राणियों की शक्ल-सूरत, व्यवहार-विचार और स्वभाव पर अपनी छाप लगा देते हैं और अपने को व्यक्त करने के लिए एक विशेष भाषा या बोली का निर्माण करते हैं। इस तरह भाषा का सीधा संबंध हमारी आत्मा से है या यों कह सकते हैं कि भाषा हमारी आत्मा का बाहरी रूप है। वह हमारी शक्ल-सूरत और रंग-रूप की भाँति हमारी आत्मा से निकलती है। उसके एक अक्षर में हमारी आत्मा का प्रकाश है। जैसे-जैसे हमारी आत्मा का विकास होता है, हमारी भाषा भी प्रौढ़ और पुष्ट होती जाती है।

❁❁❁

जब जमाना बदल जाता है और हम उस जगह से निकलकर दुनिया के दूसरे हिस्सों में आबाद हो जाते हैं तो हमारा रंग-रूप भी बदल जाता है। फिर भी, भाषा सदियों तक हमारा साथ देती रहती है और जितने लोग हमजबान हैं, उनमें एक अपनापन, एक आत्मीयता और एक निकटता का भाव जगाती है। मनुष्य में मेल-मिलाप के जितने साधन हैं, उनमें सबसे मजबूत और असर डालनेवाला रिश्ता भाषा का है। राजनीतिक,

व्यापारिक या धार्मिक नाते जल्दी या देर में कमजोर पड़ सकते हैं और अकसर टूट जाया करते हैं; लेकिन भाषा का रिश्ता समय की और दूसरी बिखेरनेवाली शक्तियों की परवाह नहीं करता और एक तरह से अमर हो जाया करता है।

—'कुछ विचार' नामक पुस्तक से उद्धृत।

❀❀❀

यह सच है कि बोलने की भाषा और लिखने की भाषा में कुछ-न-कुछ अंतर होता है; लेकिन लिखित भाषा सदैव बोलचाल की भाषा से मिलते-जुलते रहने की कोशिश किया करती है। लिखित भाषा की खूबी यही है कि वह बोलचाल की भाषा से मिले। इस आदर्श से वह जितनी दूर जाती है, उतनी ही अस्वाभाविक हो जाती है। बोलचाल की भाषा भी अकसर और परिस्थिति के अनुसार बदलती रहती है। विद्वानों के समाज में जो भाषा बोली जाती है, वह बाजार की भाषा से अलग होती है। शिष्ट भाषा की कुछ तो मर्यादा होनी ही चाहिए, लेकिन इतनी नहीं कि उससे भाषा के प्रचार में बाधा पड़े।

❀❀❀

मेरे खयाल से तो भाषा के लिए सबसे महत्त्व की चीज है कि उसे ज्यादा-से-ज्यादा आदमी, चाहे वे किसी भी प्रांत के रहनेवाले हों, समझें और बोलें व लिखें। ऐसी भाषा न तो पंडितों की होगी और न ही मौलवियों की। उसका स्थान इन दोनों के बीच में है। यह जाहिर है कि अभी इस तरह की भाषा में इबारत्त की चुस्ती और शब्दों के विन्यास की बहुत थोड़ी गुंजाइश है। जिसे उर्दू और हिंदी पर अधिकार है, उसके लिए चुस्त और सजीली भाषा लिखने का लालच बड़ा ही जोरदार होता है।

—27 अक्तूबर, 1934 को राष्ट्रभाषा सम्मेलन, बंबई में दिए गए भाषण से उद्धृत।

❀❀❀

भाषा और लिपि

भाषा और लिपि का संबंध इतना करीबी है कि आप एक को लेकर दूसरे को नहीं छोड़ सकते। संस्कृत से निकली हुई जितनी भाषाएँ हैं, उनको एक लिपि में लिखने में कोई बाधा नहीं है, थोड़ा सा प्रांतीय संकोच चाहे हो। केवल लिपि एक होने से भाषाओं का अंतर कम नहीं होता और हिंदी लिपि में मराठी समझना उतना ही मुश्किल है जितना मराठी लिपि में हिंदी। प्रांतीय भाषाओं को हम प्रांतीय लिपियों में लिखते जाएँ तो कोई ऐतराज नहीं, लेकिन हिंदुस्तानी भाषा के लिए एक लिपि रखना ही सुविधा की बात है। इसलिए नहीं कि हमें हिंदी लिपि से खास मोह है, बल्कि इसलिए कि हिंदी लिपि का प्रचार बहुत ज्यादा है और उसके सीखने में भी किसी को कोई दिक्कत नहीं हो सकती। जबकि उर्दू लिपि हिंदी लिपि से बिलकुल जुदा है और जो लोग उर्दू लिपि के आदी हैं, उन्हें हिंदी लिपि का व्यवहार करने के लिए मजबूर नहीं किया जा सकता। अगर जबान एक हो जाए तो लिपि का कोई भेद नहीं रहता।

—27 अक्तूबर, 1934 को राष्ट्रभाषा सम्मेलन,
बंबई में दिए गए भाषण से उद्धृत।

❁❁❁

भाषा और साहित्य

भाषा बोलचाल की भी होती है और लिखने की भी। बोलचाल की भाषा तो मीर, अम्मन और लल्लू लाल के जमाने में भी मौजदू थी; पर उन्होंने जिस भाषा की दाग-बेल डाली वह लिखने की भाषा थी और वही साहित्य है। बोलचाल से हम अपने करीब के लोगों पर अपने विचार प्रकट करते हैं, अपने हर्ष-शोक के भावों का चित्र खींचते हैं। साहित्यकार यही काम लेखनी द्वारा करता है। हाँ, उसके श्रोताओं की परिधि बहुत विस्तृत होती है और अगर उसके बयान में सच्चाई है तो

शताब्दियों और युगों तक उसकी रचनाएँ हृदयों को प्रभावित करती रहती हैं।

— प्रगतिशील लेखक संघ के लखनऊ अधिवेशन में दिए गए भाषण से उद्धृत।

❁❁❁

भाषा और साहित्य का भेद ही खासतौर से हमें भिन्न-भिन्न प्रांतीय जत्थों में बाँटे हुए है। अगर हम इस अलग करनेवाली बाधा को तोड़ दें तो राष्ट्रीय संस्कृति की एक धारा बहने लगेगी, जो कौमियत की सबसे मजबूत भावना है।

— वार्षिक आर्य-भाषा सम्मेलन, लाहौर में दिए गए भाषण से उद्धृत।

❁❁❁

भाषा की उन्नति और अवनति का कारण

यूरोपीय भाषाओं की उन्नति इसलिए हो रही है, क्योंकि वहाँ दिमाग और दिल रखनेवाले व्यक्ति उसमें दिलचस्पी रखते हैं। बड़े-बड़े पदाधिकारी, लीडर, प्रोफेसर और धर्म के आचार्य साहित्य की प्रगति से परिचित रहना अपना कर्तव्य समझते हैं। यही नहीं, अपने साहित्य से प्रेम उनके जीवन का एक अभिन्न अंग है, उसी तरह जैसे अपने देश के नगरों और दृश्यों की सैर; पर हमारे यहाँ चोटी के लोग देशी साहित्य की तरफ ताकना भी हेय समझते हैं। कितने ही तो बड़े रोब से कहते हैं कि हिंदी में रखा ही क्या है। अगर कुछ गिने-गिनाए लोग हैं भी, तो वे समझते हैं कि इस क्षेत्र में आकर हमने अहसान किया है। वे यह आशा रखते हैं कि हिंदी संसार उनकी हर एक बात को आँख बंद करके स्वीकार करे। उनकी कलम से जो कुछ निकले, उसे ब्रह्म-वाक्य समझा जाए।

— 'साहित्य का उद्देश्य' नामक पुस्तक के अध्याय 'साहित्य में समालोचना' से उद्धृत।

❁❁❁

भाषा-विस्तार

भाषा-विस्तार की क्रिया धीरे-धीरे होगी। इसके साथ हमें विभिन्न प्रांतीय भाषाओं के ऐसे विद्वानों का एक बोर्ड बनाना पड़ेगा, जो राष्ट्रीय भाषा की जरूरत के कायल हैं। उस बोर्ड में उर्दू, हिंदी, बँगला, मराठी, तमिल आदि सभी भाषाओं के प्रतिनिधि रखे जाएँ और इस क्रिया को सुव्यवस्थित करने और उसकी गति को तेज करने का काम उनको सौंपा जाए।

—29 दिसंबर, 1934 को दक्षिण भारत हिंदी प्रचार सभा, मद्रास में दिए गए दीक्षांत भाषण से उद्धृत।

❋❋❋

मन

मन! तेरी गति कितनी विचित्र है, कितनी रहस्य से भरी हुई और कितनी दुर्भेद्य! तू कितनी जल्दी रंग बदलता है। इस कला में तू निपुण है। आतिशबाज की चरखी को भी रंग बदलते कुछ देरी लगती है, लेकिन तुझे रंग बदलने में उसका लक्षांश समय भी नहीं लगता।

—सामाजिक उपन्यास 'निर्मला' के अध्याय-9-10 से उद्धृत।

❋❋❋

मनुष्य

मनुष्य जाति के लिए मनुष्य ही सबसे विकट पहेली है। वह खुद अपनी समझ में नहीं आता। किसी-न-किसी रूप में वह अपनी ही आलोचना किया करता है, अपने ही मनो-रहस्य खोला करता है। मानव-संस्कृति का विकास ही इसलिए हुआ है कि मनुष्य अपने को समझे। अध्यात्म और दर्शन की भाँति साहित्य भी इसी सत्य की खोज में लगा हुआ है। अंतर इतना ही है कि वह इस उद्योग रस का मिश्रण करके उसे आनंदप्रद बना देता है। अतः अध्यात्म और दर्शन केवल ज्ञानियों के लिए

है, साहित्य मनुष्यमात्र के लिए।

—'कुछ विचार' पुस्तक के अध्याय
'कहानी कला-2' से उद्धृत।

❁❁❁

मनुष्य स्वभाव से देव-तुल्य है। जमाने के छल-प्रपंच या अन्य परिस्थितियों के वशीभूत होकर वह अपना देवत्व खो बैठता है।

—'कुछ विचार' पुस्तक के अध्याय
'जीवन में साहित्य का स्थान' से उद्धृत।

❁❁❁

मनोभाव का चित्रण

ऐसे उपन्यासों के लेखकों का ध्यान घटना-वैचित्र्य की ओर कम ही रहता है। वह ऐसी घटनाओं की आयोजना करता है, जिसमें उसके चरित्रों को अपने मनोभावों को प्रकट करने का अवसर मिले। घटनाएँ कम होती हैं और पात्रों के विचार अधिक।

—'साहित्य का उद्देश्य' नामक पुस्तक के अध्याय
'उपन्यास-रचना' से उद्धृत।

❁❁❁

मनोभावों की अभिव्यक्ति : सच्चा लेखन

कहते हैं कि अमेरिका के सुविख्यात साहित्यकार मार्क ट्वेन ने इस बात का अनुभव प्राप्त करने के लिए कि बिना रेल के टिकट के रेल ट्राम में सफर करनेवालों के चित्त की क्या दशा होती है, कई बार बिना टिकट सफर किया। ऐसे ही एक और सज्जन ने पेरिस के चकलों की तसवीर खींचने के लिए महीनों शोहदों और गुंडों की संगत की। एक तीसरे महाशय ने चोर के हृदय के भावों को जानने के लिए स्वयं सेंध तक मारी।

❁❁❁

प्राणियों को मनोभावों को व्यक्त करने के लिए दूसरा साधन अपने मनोभावों को टटोलना है। सर फिलिप सिडनी का कहना था कि अपनी निगाह अपने हृदय में डालो और फिर जो कुछ देखो, लिखो।

—'साहित्य का उद्‌देश्य' नामक पुस्तक के अध्याय 'उपन्यास-रचना' से उद्‌धृत।

❁❁❁

मनोरंजन

अब तो हम जीवन-संग्राम में इतने तन्मय हो गए हैं कि हमें मनोरंजन के लिए समय ही नहीं मिलता। अगर कुछ मनोरंजन स्वास्थ्य के लिए अनिवार्य न होता तो और विक्षिप्त हुए बिना नित्य अठारह घंटे काम कर सकते तो शायद हम मनोरंजन का नाम भी न लेते, लेकिन प्रकृति ने हमें विवश कर दिया है। हम चाहते हैं कि थोड़े से समय में ही अधिक मनोरंजन हो जाए। इसीलिए सिनेमाघरों की संख्या बढ़ती जा रही है। जिस उपन्यास को पढ़ने में महीने लगते, उसका आनंद हम दो घंटे में उठा लेते हैं।

—'कुछ विचार' पुस्तक के अध्याय 'कहानी कला-2' से उद्‌धृत।

❁❁❁

हमारे साहित्यकार कल्पना की सृष्टि खड़ी कर उसमें मनमाने तिलिस्म बाँधा करते थे। कहीं फिसान-अजायब की दास्तान थी, कहीं बोस्ताने-खयाल की और कहीं चंद्रकांता संतति की। इन आख्यानों का उद्‌देश्य केवल मनोरंजन था।

—प्रगतिशील लेखक संघ के लखनऊ अधिवेशन में दिए गए भाषण से उद्‌धृत।

❁❁❁

माता

माता, तू धन्य है! तुझ जैसी निष्ठा, तुझ जैसी श्रद्धा, तुझ जैसा विश्वास देवताओं को भी दुर्लभ है।

❁❁❁

मातृ-प्रेम, तुझे धन्य है! संसार में जो कुछ है, मिथ्या है, निस्सार है। मातृ-प्रेम ही सत्य है, अक्षय है, अनश्वर है।

—कथा-संग्रह 'मानसरोवर-5' की कहानी 'मंदिर' से उद्धृत।

❁❁❁

मानव-जीवन

मानव-जीवन तू इतना क्षण-भंगुर है, लेकिन तेरी कल्पनाएँ कितनी दीर्घायु!

—सामाजिक उपन्यास 'निर्मला' के अध्याय-14 से उद्धृत।

❁❁❁

मानव-स्वभाव

मानव-स्वभाव की एक विशेषता यह भी है कि वह जिस छल, क्षुद्रता और कपट से घिरा हुआ है, उसी की पुनरावृत्ति उसके चित्त को प्रसन्न नहीं कर सकती। वह थोड़ी देर के लिए ऐसे संसार में उड़कर पहुँच जाना चाहता है, जहाँ उसके चित्त को ऐसे कुत्सित भावों से निजात मिले। वह भूल जाए कि मैं चिंताओं के बंधन में पड़ा हुआ हूँ; जहाँ उसे सज्जन, साहस और उदार प्राणियों के दर्शन हों; जहाँ छल और कपट, विरोध और वैमनस्य का ऐसा प्राधान्य न हो।

—'कुछ विचार' नामक पुस्तक के पाठ 'उपन्यास' से उद्धृत।

❁❁❁

यथार्थवाद

इसमें संदेह नहीं कि समाज की कुप्रथा की ओर उसका ध्यान दिलाने के लिए यथार्थवाद अत्यंत उपयुक्त है। इसके बिना बहुत संभव है, हम

उस बुराई को दिखाने में अत्युक्ति से काम लें और चित्त को उससे कहीं अधिक काला दिखाएँ, जितना वह वास्तव में है; लेकिन जब वह दुर्बलताओं का चित्रण करने में शिष्टता की सीमाओं से आगे बढ़ जाता है तो आपत्तिजनक हो जाता है।

—'कुछ विचार' नामक पुस्तक के पाठ 'उपन्यास' से उद्धृत।

❁❁❁

यथार्थवाद का यह आशय नहीं है कि हम अपनी दृष्टि को अंधकार की ओर ही केंद्रित कर दें। अंधकार में मनुष्य को अंधकार के सिवा सूझ ही क्या सकता है! बेशक चुटकियाँ लेना, यहाँ तक कि नश्तर लगाना भी कभी-कभी आवश्यक होता है; लेकिन दैहिक व्यथा चाहे नश्तर से दूर हो जाए, मानसिक व्यथा सहानुभूति और उदारता से ही शांत हो सकती है। किसी को नीच समझकर हम उसे ऊँचा नहीं बना सकते, बल्कि उसे और नीचे गिरा देंगे। कायर कहने से कोई बहादुर नहीं हो जाएगा कि 'तुम कायर हो।' हमें यह दिखाना पड़ेगा कि उसमें साहस, बल, धैर्य सबकुछ है, केवल उसे जगाने की जरूरत है।

—'कुछ विचार' नामक पुस्तक के पाठ 'उपन्यास का विषय' से उद्धृत।

❁❁❁

यथार्थवाद एवं आदर्शवाद

यथार्थवाद यदि हमारी आँखें खोल देता है तो आदर्शवाद हमें उठाकर किसी मनोरम स्थान पर पहुँचा देता है। जहाँ आदर्शवाद में यह गुण है, वहाँ इन बातों की भी शंका है कि हम ऐसे चरित्रों को चित्रित न कर बैठें, जो सिद्धांतों की मूर्ति मात्र हों, जिनमें जीवन न हो।

—'कुछ विचार' नामक पुस्तक के पाठ 'उपन्यास' से उद्धृत।

❁❁❁

रचना-शक्ति

रचना-शक्ति थोड़ी-बहुत सभी प्राणियों में रहती है। जो उसमें अभ्यस्त हो चुके हैं, उन्हें फिर झिझक नहीं रहती। कलम उठाई और लिखने लगे। लेकिन नए लेखकों को कुछ लिखते समय पहले झिझक होती है, मानो वे दरिया में कूदने जा रहे हों।

—'कुछ विचार' पुस्तक के अध्याय 'उपन्यास' से उद्धृत।

❁❁❁

राष्ट्र

राष्ट्र प्राणियों के उस समूह को कहते हैं, जिनकी एक विद्या, एक तहजीब हो, एक राजनीतिक संगठन हो, एक भाषा हो और एक साहित्य हो।

—वार्षिक आर्यभाषा सम्मेलन,
लाहौर में दिए गए भाषण से उद्धृत।

❁❁❁

राष्ट्रभाषा का प्रचार

हमें यह विचार करना है कि राष्ट्रभाषा का प्रचार कैसे किया जाए। बड़े अफसोस के साथ कहना पड़ता है कि हमारे नेताओं ने इस तरफ मुजरिमाना गफलत दिखाई है। वे अभी तक इस भ्रम में पड़े हुए हैं कि यह कोई बहुत छोटा विषय है, जो छोटे मोटे आदमियों के करने का है और उनके जैसे बड़े-बड़े आदमियों को इतनी फुरसत कहाँ कि वे झंझट में पड़ें। उन्होंने अभी तक इस काम का महत्त्व नहीं समझा, नहीं तो शायद यह उनके प्रोग्राम की पहली पाँती में होता।

—29 दिसंबर, 1934 को दक्षिण भारत हिंदी प्रचार सभा,
मद्रास में दिए गए दीक्षांत भाषण से उद्धृत।

❁❁❁

अगर हमें राष्ट्रभाषा का प्रचार करना है तो हमें इबारत की चुस्ती

नहीं, बल्कि अपनी भाषा को सलीस बनाने पर खास तौर से ध्यान देना होगा।

—27 अक्तूबर, 1934 को राष्ट्रभाषा सम्मेलन, बंबई में दिए गए भाषण से उद्धृत।

❁❁❁

राष्ट्र-हित के लिए

हमारा काम यही है कि जनता में राष्ट्रीय चेतना को इतना सजीव कर दें कि वह राष्ट्र-हित के लिए छोटे-छोटे स्वार्थों को बलिदान करना सीखे। आपने इस काम का बीड़ा उठाया है और मैं जानता हूँ कि आपने क्षणिक आवेश में आकर यह साहस नहीं किया है, बल्कि आपका इस मिशन में पूरा विश्वास है और आप जानते हैं कि यह विश्वास कि हमारा पक्ष सत्य और न्याय का पक्ष है, आत्मा को कितना बलवान् बना देता है।

—29 दिसंबर, 1934 को दक्षिण भारत हिंदी प्रचार सभा, मद्रास में दिए गए दीक्षांत भाषण से उद्धृत।

❁❁❁

राष्ट्रीयता की तरंगें

यह कितने बड़े सौभाग्य की बात है कि जिन दिमागों ने एक दिन विदेशी भाषा में निपुण होना अपना ध्येय बनाया था, वे आज राष्ट्रभाषा का उद्धार करने पर कमर कसे नजर आते हैं और जहाँ से मानसिक पराधीनता की लहरें उठी थीं, वहाँ से राष्ट्रीयता की तरंगें उठ रही हैं। जिन लोगों ने अंग्रेजी लिखने और बोलने में अंग्रेजों को भी मात कर दिया, यहाँ तक कि जहाँ कहीं देखिए, अंग्रेजी पत्रों के संपादक इसी प्रांत के विद्वान् मिलेंगे। वे अगर चाहें तो हिंदी बोलने और लिखने में हिंदीवालों को मात कर सकते हैं।

—29 दिसंबर, 1934 को दक्षिण भारत हिंदी प्रचार सभा, मद्रास में दिए गए दीक्षांत भाषण से उद्धृत।

❁❁❁

राष्ट्रीय भाषा

यह बात सभी लोग मानते हैं कि राष्ट्र को दृढ़ और बलवान् बनाने के लिए देश में सांस्कृतिक एकता का होना बहुत आवश्यक है। किसी राष्ट्र की भाषा व लिपि इस सांस्कृतिक एकता का एक अंग है। श्रीमती खलीदा अदीब खानम ने अपने एक भाषण में कहा था कि तुर्की जाति और राष्ट्र की एकता तुर्की भाषा के कारण ही हुई है और यह निश्चित है कि राष्ट्रीय भाषा के बिना किसी राष्ट्र के अस्तित्व की कल्पना ही नहीं हो सकती। जब तक भारतवर्ष की कोई राष्ट्रीय भाषा न हो, तब तक वह राष्ट्रीयता का दावा नहीं कर सकता।

❁❁❁

राष्ट्र के जीवन के लिए यह बात आवश्यक है कि देश में सांस्कृतिक एकता हो और भाषा की एकता उस सांस्कृतिक एकता का प्रधान स्तंभ है। इसलिए यह बात भी आवश्यक है कि भारतवर्ष की एक ऐसी राष्ट्रीय भाषा हो, जो देश में एक सिरे से दूसरे सिरे तक बोली और समझी जाए।

❁❁❁

प्रश्न तो यह है कि इस राष्ट्रीय भाषा का स्वरूप क्या हो? आजकल भिन्न-भिन्न प्रांतों में जो भाषाएँ प्रचलित हैं, उनमें राष्ट्रीय भाषा बनने की योग्यता नहीं, क्योंकि उनके कार्य और प्रचार का क्षेत्र परिमित है। केवल एक ही भाषा ऐसी है, जो देश के एक बहुत बड़े भाग में बोली जाती है और उससे भी कहीं बड़े भाग में समझी जाती है और उसी को राष्ट्रीय भाषा का पद दिया जा सकता है। परंतु इस समय उस भाषा के तीन स्वरूप हैं—उर्दू, हिंदी और हिंदुस्तानी। अभी तक यह बात राष्ट्रीय रूप से निश्चित नहीं की जा सकती है कि इनमें से कौन सा स्वरूप ऐसा है, जो देश में सबसे अधिक मान्य हो सकता है और जिसका प्रचार भी ज्यादा आसानी से हो सकता है। तीनों ही स्वरूपों के पक्षपाती और

समर्थक मौजूद हैं और उनमें खींचातानी हो रही है।

❋❋❋

वास्तविक बात तो यह है कि भारतवर्ष की राष्ट्रीय भाषा न तो वह उर्दू ही हो सकती है, जो अरबी और फारसी के अप्रचलित तथा अपरिचित शब्दों के भार से लदी रहती है और न वह हिंदी ही हो सकती है, जो संस्कृत के कठिन शब्दों से लदी हुई होती है। यदि इन दोनों भाषाओं के पक्षपाती और समर्थक आमने-सामने खड़े होकर अपनी साहित्यिक भाषाओं में बात करें तो शायद एक-दूसरे का कुछ भी मतलब न समझ सकें।

❋❋❋

हमारी राष्ट्रीय भाषा तो वही हो सकती है, जिसका आधार सर्वसामान्य बोधगम्यता हो, जिसे सब लोग सहजता से समझ सकें। वह इस बात की क्यों परवाह करने लगी कि अमुक शब्द इसलिए छोड़ दिया जाना चाहिए कि वह फारसी, अरबी या संस्कृत का है? वह तो केवल मानदंड अपने सामने रखती है कि जनसाधारण यह शब्द समझ सकते हैं या नहीं और जनसाधारण में हिंदू, मुसलमान, पंजाबी, बंगाली, महाराष्ट्रीय और गुजराती सभी सम्मिलित हैं। यदि कोई शब्द या मुहावरा या पारिभाषिक शब्द जन-साधारण में प्रचलित है तो फिर वह इस बात की परवाह नहीं करती कि वह कहाँ से निकला है और कहाँ से आया है और यही हिंदुस्तानी है। जिस प्रकार अंग्रेजों की भाषा अंग्रेजी, जापान की जापानी, ईरान की ईरानी और चीन की चीनी है, उसी प्रकार हिंदुस्तान की भाषा को इसी तौर पर 'हिंदुस्तानी' कहना केवल उचित ही नहीं, बल्कि आवश्यक भी है। अगर इस देश को 'हिंदुस्तान' न कहकर केवल 'हिंद' कहें तो इसकी भाषा को 'हिंदी' कह सकते हैं।

❋❋❋

यह कहा जा सकता है कि मिश्रित हिंदुस्तानी उतनी सरस और

कोमल नहीं होगी, लेकिन सरलता और कोमलता का मानदंड सदैव बदलता रहता है। कई साल पहले अचकन पर अंग्रेजी टोपी बेजोड़ और हास्यास्पद मालूम होती थी, लेकिन अब वह साधारणत: सभी जगह दिखाई देती है। स्त्री के लिए सिर के लंबे-लंबे बाल सौंदर्य का एक विशेष स्तंभ हैं, लेकिन आजकल तराशे हुए बाल प्राय: पसंद किए जाते हैं। फिर किसी भाषा का मुख्य गुण उसकी सरलता नहीं है, बल्कि मुख्य गुण तो अभिप्राय प्रकट करने की शक्ति है। यदि हम सरलता और कोमलता की कुर्बानी करके भी अपनी राष्ट्रीय भाषा का क्षेत्र विस्तृत कर सकें तो हमें इसमें कोई संकोच नहीं होना चाहिए।

—'साहित्य का उद्‌देश्य' पुस्तक के अध्याय 'उर्दू, हिंदी और हिंदुस्तानी' से उद्‌धृत।

❁❁❁

यह समझ लीजिए कि जिस दिन आप अंग्रेजी भाषा का प्रभुत्व तोड़ देंगे और अपनी एक कौमी भाषा बना लेंगे, उसी दिन आपको स्वराज्य के दर्शन हो जाएँगे। मुझे याद नहीं आता कि कोई भी राष्ट्र विदेशी भाषा के बल पर स्वाधीनता प्राप्त कर सका हो। राष्ट्र की बुनियाद राष्ट्र की भाषा है। नदी, पहाड़ और समुद्र राष्ट्र नहीं बनाते। भाषा ही वह बंधन है, जो चिरकाल तक राष्ट्र को एकसूत्र में बाँधे रहता है और उसका शीराजा बिखरने नहीं देता।

❁❁❁

अंग्रेजी राज ने आकर आपको एक राष्ट्र बना दिया। आज अंग्रेजी राज विदा हो जाए—और एक-न-एक दिन तो यह होना ही है—तो फिर आपका यह राष्ट्र कहाँ जाएगा? क्या यह संभव नहीं है कि एक-एक प्रांत एक-एक राज्य हो जाए और फिर वहीं विच्छेद शुरू हो जाए? वर्तमान दशा में तो हमारी कौमी चेतना को सजग और सजीव रहने के

लिए अंग्रेजी राज्य को अमर रहना चाहिए। अगर हम एक राष्ट्र बनकर अपने स्वराज्य के लिए उद्योग करना चाहते हैं तो हमें राष्ट्रभाषा का आश्रय लेना होगा और उसी राष्ट्रभाषा के बख्तर से हम अपने राष्ट्र की रक्षा कर सकेंगे। आप उसी राष्ट्रभाषा के भिक्षु हैं और इस नाते आप राष्ट्र का निर्माण कर रहे हैं।

❋❋❋

राष्ट्रभाषा से हमारा क्या आशय है, इसके विषय में भी मैं आपसे दो शब्द कहूँगा। इसे हिंदी कहिए, हिंदुस्तानी कहिए या उर्दू कहिए, चीज एक ही है। नाम से हमारी कोई बहस नहीं। ईश्वर भी वही है, जो खुदा है और राष्ट्रभाषा में दोनों के लिए समान रूप से सम्मान का स्थान मिलना चाहिए। अगर हमारे देश में ऐसे लोगों की काफी तादाद निकल आए, जो ईश्वर को 'गॉड' कहते हैं, तो राष्ट्रभाषा उनका भी स्वागत करेगी। जीवित भाषा तो जीवित देह की तरह बराबर बनती रहती है। 'शुद्ध हिंदी' तो निरर्थक शब्द है। जब भारत शुद्ध हिंदू होता तो उसकी भाषा शुद्ध हिंदी होती। जब तक यहाँ मुसलमान, ईसाई, फारसी और अफगानी सभी जातियाँ मौजूद हैं, तब तो वह शुद्ध बनाई जा सकती है।

—24 दिसंबर, 1934 को दक्षिण भारत हिंदी प्रचार सभा, मद्रास में दिए गए दीक्षांत भाषण से उद्धृत।

❋❋❋

प्रश्न यह उठता है कि राष्ट्रीय भाषा कहाँ तक हमारी जरूरतें पूरी कर सकती है? उपन्यास, कहानी, यात्रा-वृत्तांत, समाचार-पत्रों के लेख, ओलाचना अगर बहुत गूढ़ न हो, यह सब तो राष्ट्रीय भाषा में अभ्यास कर लेने से लिखे जा सकते हैं; लेकिन साहित्य में केवल इतने ही विषय तो नहीं हैं। दर्शन और विज्ञान की अनंत शाखाएँ भी तो हैं, जिन्हें राष्ट्रीय भाषा में नहीं लाया जा सकता। साधारण बातें तो साधारण और सरल शब्दों में लिखी जा सकती हैं। विवेचनात्मक विषयों में और यहाँ तक

कि उपन्यास में भी, जब वह मनोवैज्ञानिक हो जाता है, आपको मजबूर होकर संस्कृत या अरबी-फारसी शब्दों की शरण लेनी पड़ती है। अगर हमारी राष्ट्रीय भाषा सर्वांगपूर्ण नहीं है और उसमें आप हर एक विषय और हर एक भाव प्रकट नहीं कर सकते तो उसमें यह बड़ा भारी दोष है और यह सभी का कर्तव्य है कि हम राष्ट्रीय भाषा को उसी तरह सर्वांगपूर्ण बनाएँ, जैसे अन्य राष्ट्रों की भाषाएँ हैं।

❁❁❁

अगर हमारे नेता और विद्वान्, जो राष्ट्रीय भाषा के महत्त्व से बेखबर नहीं हो सकते और राष्ट्रीय भाषा का व्यवहार कर सकते हैं, तो जनता में उस भाषा की ओर विशेष आकर्षण होता; लेकिन यहाँ अंग्रेजियत का नशा सवार है। प्रचार का एक और साधन है कि भारत के अंग्रेजी और अन्य भाषाओं के पत्रों को हम इस पर आमादा कर सकें कि वे अपने पत्र के एक-दो कॉलम नियमित रूप से राष्ट्रभाषा के लिए दे सकें। अगर हमारी प्रार्थना वे स्वीकार करें तो उससे भी बहुत फायदा हो सकता है। हम तो उस दिन का स्वप्न देख रहे हैं, जब राष्ट्रभाषा पूर्ण रूप से अंग्रेजी का स्थान ले लेगी।

—29 दिसंबर, 1934 को दक्षिण भारत हिंदी प्रचार सभा, मद्रास में दिए गए दीक्षांत भाषण से उद्धृत।

❁❁❁

हमें अपनी राष्ट्रीय भाषा और राष्ट्रलिपि का प्रचार मित्र-भाव से करना है। इसका पहला कदम यह है कि हम नागरी लिपि का संगठन करें। बँगला, गुजराती, तमिल आदि अगर नागरी लिपि स्वीकार कर लें तो राष्ट्रीय लिपि का प्रश्न बहुत कुछ हल हो जाएगा और कुछ नहीं तो केवल संख्या ही नागरी को प्रधानता दिला देगी। हिंदी लिपि को तो सीखना इतना आसान है और इस लिपि के द्वारा उनकी रचनाओं और

पात्रों का प्रचार इतना ज्यादा हो सकता है कि मेरा अनुमान है, वे उसे बड़ी आसानी से स्वीकार कर लेंगे।

—29 दिसंबर, 1934 को दक्षिण भारत हिंदी प्रचार सभा, मद्रास में दिए गए दीक्षांत भाषण से उद्‌धृत।

❁❁❁

राष्ट्रीय भाषा केवल अमीरों और रईसों की भाषा नहीं हो सकती। उसे किसानों और मजदूरों की भी भाषा बनना पड़ेगा। जैसे अमीरों और रईसों से ही राष्ट्र नहीं बनता, उसी तरह उनकी गोद में पली हुई भाषा राष्ट्र की भाषा नहीं हो सकती। यह मानते हुए कि सभाओं में बैठकर हम राष्ट्रीय भाषा की तामीर नहीं कर सकते। राष्ट्रीय भाषा तो बाजारों में और गलियों में बनती है, लेकिन सभाओं में बैठकर हम उसकी चाल को तेज जरूर कर सकते हैं।

—27 अक्तूबर, 1934 को राष्ट्रभाषा सम्मेलन, बंबई में दिए गए भाषण से उद्‌धृत।

❁❁❁

लावण्यहीन स्त्री

लावण्यहीन स्त्री वह भिक्षुक नहीं, जो अंजुल भर आटे से संतुष्ट हो जाए। वह पति का संपूर्ण व अखंड प्रेम चाहती है और कदाचित् सुंदरियों से अधिक, क्योंकि वह इसके लिए असाधारण प्रयत्न और अनुष्ठान करती है।

—कथा-संग्रह 'मानसरोवर-5' की कहानी 'आभूषण' से उद्‌धृत।

❁❁❁

लेखक

प्राचीन कलाओं में लेखक बिलकुल नेपथ्य में छिपा रहता था। हम उसके विषय में उतना ही जानते थे, जितना वह अपने आपको पात्रों के

मुख से व्यक्त करता था। जीवन पर उसके क्या विचार हैं, भिन्न-भिन्न परिस्थितियों, उसके मनोभावों में क्या परिवर्तन होते हैं, इसका हमें कुछ पता न चलता था; लेकिन आजकल उपन्यासों में हमें लेखक के दृष्टिकोण का भी स्थल-स्थल पर परिचय मिलता रहता है। हम उसके मनोगत विचारों व भावों द्वारा उसका रूप देखते रहते हैं और ये भाव जितने व्यापक, गहरे और अनुभवपूर्ण होते हैं, उतनी ही लेखक के प्रति हमारे मन में श्रद्धा उत्पन्न होती है।

—'कुछ विचार' नामक पुस्तक के अध्याय 'कहानी कला-3' से उद्धृत।

❁❁❁

कहानी या उपन्यास में पाठक की कल्पना के लिए जितनी अधिक सामग्री हो, उतनी ही वह कहानी अधिक रोचक होगी। यदि लेखक आवश्यकता से कम बताता है तो कहानी आशयहीन हो जाती है और अधिक बताता है तो कहानी में मजा नहीं आता।

—'कुछ विचार' नामक पुस्तक के अध्याय 'उपन्यास' से उद्धृत।

❁❁❁

लेखक की रचनाशीलता

ऐसे कितने ही लेखक हैं, जिनमें मानव-चरित्र के रहस्यों को बहुत मनोरंजक, सूक्ष्म और प्रभाव डालनेवाली शैली में बयान करने की शक्ति मौजूद है; लेकिन कल्पना की कमी के कारण वे अपने चरित्रों में जीवन का संचार नहीं कर सकते, जीती-जागती तसवीर नहीं खींच सकते। उनकी रचनाओं को पढ़कर हमें यह खयाल नहीं होता कि हम कोई सच्ची घटना देख रहे हैं।

❁❁❁

वास्तव में कोई रचना रचयिता के मनोभावों का, उसके चरित्र का, उसके जीवनादर्श का, उसके दर्शन का आईना होती है। जिसके हृदय में देश की लगन है, उसके चरित्र, घटनावली और परिस्थितियाँ सभी उसी रंग में रँगी हुई नजर आएँगी। लहरी-आनंदी लेखकों के चरित्रों में भी अधिकांश चरित्र ऐसे ही होंगे, जिन्हें जगत् गति नहीं व्यापती। वे जासूसी, तिलिस्मी चीजें लिखा करते हैं। अगर लेखक आशावादी है तो उसकी रचना से आशावादिता छलकती रहेगी। अगर वह शोकवादी है तो बहुत प्रयत्न करने पर भी वह अपने चरित्रों को जिंदादिल नहीं बना सकेगा।

—'कुछ विचार' नामक पुस्तक के पाठ 'उपन्यास का विषय' से उद्धृत।

❁❁❁

लेखक का एक-एक शब्द दर्शन में डूबा हो, एक-एक वाक्य में विचार भरे हों, लेकिन उसे हम उस वक्त तक सत्साहित्य नहीं कह सकते, जब तक उसमें रस का स्रोत न बहता हो, उसमें भावों का उत्कर्ष न हो, वह हमें सत्य की ओर न ले जाता हो, अर्थात् बाह्य प्रकृति से हमारा मेल न कराता हो। केवल विचार और दर्शन का आधार लेकर वह दर्शन का शुष्क ग्रंथ हो सकता है, सरस साहित्य नहीं हो सकता।

❁❁❁

एक ऐसा लेखक, जो विश्व-बंधुत्व की दुहाई देता हो, पर तुच्छ स्वार्थ के लिए लड़ने पर कमर कस लेता हो, कभी अपने ऊँचे आदर्श की सत्यता से हमें प्रभावित नहीं कर सकता। उसकी रचना में तो विश्व-बंधुत्व की गंध आते ही हम ऊब जाते हैं। हमें उसमें कृत्रिमता की गंध आती है और पाठक सबकुछ क्षमा कर सकता है। हाँ, अगर उसे लेखक में कुछ श्रद्धा है तो वह उसके दर्शन, विचार, उपदेश, शिक्षा संबंधी

असाहित्यिक प्रसंगों में सौंदर्य का आभास पाता है। अतएव, बहुत कुछ लेखक के व्यक्तित्व पर निर्भर है।

—*'साहित्य का उद्देश्य' नामक पुस्तक के पाठ 'साहित्य का आधार' से उद्धृत।*

❁❁❁

यह बात नहीं है कि बिना बहुत पढ़े कोई भी बहुत अच्छा उपन्यास नहीं लिख सकता। जिन्हें ईश्वर ने प्रतिभा दी है, उनके लिए बहुत पढ़ना अनिवार्य नहीं है; लेकिन जिस प्रकार बिना व्याकरण पढ़े चाहे हम शुद्ध लिखें, लेकिन अशुद्धियों से बचने के लिए हमारे पास कोई साधन नहीं रहता, उसी प्रकार तुलना और स्वाध्याय से हमें अपनी त्रुटियों का बोध होता है, हमारी बुद्धि विकसित होती है और उन साधनों की झलक मिल जाती है, जिनके द्वारा किसी बड़े लेखक ने सफलता प्राप्त की।

❁❁❁

लेखक को सदैव अपना आदर्श ऊँचा रखना चाहिए। उसके मन में यह धारणा होनी चाहिए कि या तो कुछ लिखूँगा ही नहीं या लिखूँगा तो कोई अच्छी चीज, जिससे बढ़कर उसी विषय पर जल्दी से कोई अन्य लेखक न लिख सके।

❁❁❁

कभी-कभी ऐसा होता है कि राह चलते-चलते कोई नई बात सूझ जाती है या कोई नया दृश्य आँखों के सामने से गुजर जाता है। लेखक में ऐसा गुण होना चाहिए कि वह ऐसे भावों व दृश्यों को स्मृति-पटल पर अंकित कर ले और आवश्यकता पड़ने पर उनका व्यवहार करे। कुछ लेखकों की आदत होती है कि वे अपने साथ नोटबुक रखते हैं और ऐसी बातें उसमें तुरंत टाँक लेते हैं। जिस लेखक को अपनी स्मरण-शक्ति पर विश्वास न हो, उसे अपने साथ नोटबुक अवश्य रखनी चाहिए। डायरी लिखना भी अपने विचारों को लेखबद्ध करने की आदत डालता है।

❁❁❁

कुशल लेखक का यह कर्तव्य होना चाहिए कि वह सुधार के जोश में कथा की रोचकता को कम न होने दे। वह उपन्यास और अपने चरित्रों को उन्हीं परिस्थितियों में रखे, जिनको वह सुधारना चाहता है। यह भी परमावश्यक है कि वह सुधार के विषय को खूब सोच ले और अत्युक्ति से काम न ले, नहीं तो उसका प्रयास कभी भी सफल नहीं हो पाएगा। लेखक वृंद प्रायः अपने काल के विधाता होते हैं। उनमें अपने देश को, अपने समाज को दुःख, अन्याय व मिथ्यावाद से मुक्त करने की प्रबल आकांक्षा होती है। ऐसी दशा में असंभव है कि वह समाज को अपने मनमाने मार्ग पर चलने दे और स्वयं खड़ा हाथ-पर-हाथ रखे देखता रहे। वह अगर और कुछ नहीं कर सकता तो कलम तो चला ही सकता है।

—'साहित्य का उद्देश्य' नामक पुस्तक के अध्याय 'उपन्यास-रचना' से उद्धृत।

❁❁❁

हमारे पास कितने ही युवा लेखकों की रचनाएँ प्रकाशित होने से पहले सम्मति के लिए आती रहती हैं। लेखक के हृदय में भाव हैं, मस्तिष्क में विचार हैं; कुछ प्रतिभा है, कुछ लगन, कुछ संस्कार हैं। उसे केवल एक अच्छे सलाहकार की आवश्यकता है। इतना सहारा पाकर वह कुछ-से-कुछ हो सकता है, लेकिन यह सहारा उसे नहीं मिलता। न कोई ऐसे व्यक्ति हैं, न समिति और न ही मंडल, केवल पुस्तक प्रकाशकों की पसंद का भरोसा है। उसने रचना स्वीकार कर ली तो खैर, नहीं की तो सारी-की-सारी मेहनत पर पानी फिर गया। प्रेरक शक्तियों में यशोलिप्सा शायद सबसे बलवान् है। जब यह उद्देश्य पूरा नहीं होता तो लेखक कंधा डाल देता है और इस तरह न जाने कितने गुदड़ी के रत्न छिपे रह जाते हैं या फिर वे प्रकाशक महोदय के आदेशानुसार लिखना शुरू कर देते हैं और इस तरह कोई नियंत्रण

न होने के कारण साहित्य में कुरुचि बढ़ती जाती है।

—'साहित्य का उद्देश्य' नामक पुस्तक के अध्याय 'साहित्य में समालोचना' से उद्धृत।

❁❁❁

लेखक को जो कुछ कहना है, वह कम-से-कम शब्दों में कह देता है। वह अपने चरित्रों के मनोभावों की व्याख्या करने नहीं बैठता, केवल उसकी तरफ इशारा कर देता है। कभी-कभी तो संभाषणों के एक-दो शब्दों से ही काम निकाल लेता है। ऐसे ही कितने अवसर होते हैं, जब पात्र के मुँह से एक शब्द सुनकर हम उसके मनोभावों का पूरा अनुमान कर लेते हैं।

—'कुछ विचार' पुस्तक के अध्याय 'कहानी कला-2' से उद्धृत।

❁❁❁

अगर लेखक अपनी आँखें खुली रखे तो उसे हवा से भी कहानियाँ मिल सकती हैं। रेलगाड़ी में, नौकाओं, समाचार-पत्रों में, मनुष्य के वार्त्तालाप में और हजारों जगहों में सुंदर-सुंदर कहानियाँ बनाई जा सकती हैं। कई वर्षों के अभ्यास के बाद देखभाल स्वाभाविक हो जाती है और निगाह अपने आप ही अपने मतलब की बात छाँट लेती है।

—'कुछ विचार' नामक पुस्तक के अध्याय 'उपन्यास' से उद्धृत।

❁❁❁

सांप्रतिकालीन उपन्यासों में लेख का उद्देश्य मनोभावों और चरित्र के रहस्यों को खोजना होता है। अत: यह आवश्यक है कि वह अपने चरित्रों को सूक्ष्म दृष्टि से देखे और उसके चरित्र का कोई भी भाग उसकी निगाह से बचने न पाए।

—'कुछ विचार' नामक पुस्तक के अध्याय 'उपन्यास का विषय' से उद्धृत।

❁❁❁

अगर हम किसी लेखक की आलोचना करते समय अपनी रुचि से पराभूत हो जाते हैं। ओह! इस लेखक की रचना कौड़ी काम की नहीं, यह

तो प्रोपेगेंडिस्ट है। यह जो कुछ लिखता है, किसी उद्‌देश्य से ही लिखता है। इसके यहाँ विचारों का दारिद्र्य है। इसकी रचनाओं में स्वानुभूत दर्शन नहीं। हमें किसी लेखक के विषय में अपनी राय रखने का अधिकार है। इसी तरह औरों को भी है।

—'साहित्य का उद्‌देश्य' पुस्तक के अध्याय
'साहित्य का आधार' से उद्‌धृत।

❁❁❁

इसके साथ ही यह भी याद रखना चाहिए कि बहुधा एक लेखक की कलम से जो चीज प्रोपेगेंडा होकर निकलती है, वही दूसरे लेखक की कलम से सत्साहित्य बन जाती है, यानी बहुत कुछ लेखक के व्यक्तित्व पर मुनहसर है।

—'साहित्य का उद्‌देश्य' नामक पुस्तक के अध्याय
'साहित्य का आधार' से उद्‌धृत।

❁❁❁

लेखक अपनी रुचि और प्रकृति के अनुसार ही कोई विषय पसंद कर लेता है। विषय निर्धारित होने के पश्चात् उसे प्लॉट की चिंता होती है। वह सोता हो या जागता, चलता या बैठा, बस इसी चिंता में डूबा रहता है। कभी-कभी उसे सोच-विचार में महीनों-बरसों भी लग जाते हैं। इस चिंता में लेखक जितना ही व्यस्त होगा, उसकी रचना उतनी ही उत्तम होगी।

❁❁❁

लेखक अपने आपको कल्पना के द्वारा जितनी ही भिन्न-भिन्न परिस्थितियों में रख सकता है, उतना ही सफल मनोरथ होता है।

—'साहित्य का उद्‌देश्य' नामक पुस्तक के अध्याय
'उपन्यास-रचना' से उद्‌धृत।

❁❁❁

लेखक केवल अपने मन का भाव प्रकट नहीं करना चाहता, बल्कि

उसे बना-सँवारकर रखना चाहता है या यूँ कहना चाहिए कि वह लिखता है रसिकों के लिए, साधारण जनता के लिए।

—'साहित्य का उद्‌देश्य' नामक पुस्तक के अध्याय 'कौमी भाषा के विषय में कुछ विचार' से उद्‌धृत।

❁❁❁

लेखकों के लिए नोटबुक रखना बहुत आवश्यक है। कोई नई चीज, कोई अनोखी सूरत या कोई सुरम्य दृश्य देखकर नोटबुक में दर्ज कर लेने से बड़ा काम निकलता है। यूरोप में लेखकों के पास उस वक्त तक नोटबुक अवश्य रहती है, जब तक उनका मस्तिष्क इस योग्य नहीं बनता कि हर प्रकार की चीजों को वे अलग-अलग खानों में संगृहीत कर लें। बरसों के अभ्यास के बाद यह योग्यता प्राप्त हो जाती है, इसमें कोई संदेह नहीं; लेकिन आरंभ काल में तो नोटबुक रखना परमावश्यक है। यदि लेखक चाहता है कि उसके दृश्य सजीव हों और उसका वर्णन स्वाभाविक हो तो उसे अनिवार्यत: इससे काम लेना पड़ेगा।

❁❁❁

कुशल लेखक वही है, जो यह अनुमान कर ले कि कौन सी बात पाठक स्वयं सोच लेगा और कौन सी बात उसे लिखकर स्पष्ट कर देनी चाहिए।

—'कुछ विचार' पुस्तक के अध्याय 'उपन्यास' से उद्‌धृत।

❁❁❁

यह समझना भूल होगी कि लेखकगण आलस्य या कल्पना-शक्ति के अभाव के कारण प्राचीन कथाओं का उपयोग करते हैं। बात यह है कि वह रस, वह आकर्षण नहीं होता, जो पुराने कथानकों में पाया जाता है।

—'कुछ विचार' नामक पुस्तक के अध्याय 'उपन्यास' से उद्‌धृत।

❁❁❁

विद्या

अगर विद्या हममें सेवा और त्याग का भाव न लाए, अगर विद्या हमें आदर्श के लिए सीना खोलकर खड़ा होना न सिखाए, अगर विद्या हममें

स्वाभिमान न पैदा करे और हमें समाज के जीवन-प्रवाह से अलग रखे तो उस विद्या से हमारी अविद्या अच्छी।

—वार्षिक आर्यभाषा सम्मेलन, लाहौर में दिए गए भाषण से उद्धृत।

❁❁❁

विपत्ति

जब हमारे ऊपर कोई विपत्ति आ पड़ती है तो फिर हमें उससे केवल दुःख ही नहीं होता, बल्कि हमें दूसरों के ताने भी सुनने को मिलते हैं। जनता को हमारे ऊपर टिप्पणियाँ कराने का वह सुअवसर मिल जाता है, जिसके लिए वह हमेशा बेचैन रहती है।

—सामाजिक उपन्यास 'निर्मला' के अध्याय-18 से उद्धृत।

❁❁❁

यदि ऐसे मनुष्य हैं, जिन्हें विपत्ति से उत्तेजना और साहस मिलता है। तो ऐसे भी मनुष्य हैं, जो आपत्तिकाल में कर्तव्यहीन, पुरुषार्थहीन और उद्यमहीन हो जाते हैं।

—कथा-संग्रह 'मानसरोवर-5' की कहानी 'बहिष्कार' से उद्धृत।

❁❁❁

पराश्रय से बड़ी विपत्ति दुर्भाग्य के कोश में नहीं है।

—सामाजिक उपन्यास 'प्रतिज्ञा' के अध्याय-5 से उद्धृत।

❁❁❁

वैवाहिक जीवन का क्रम

वैवाहिक जीवन के प्रभात में लालसा अपनी गुलाबी मादकता के साथ उदय होती है और हृदय के सारे आकाश को अपने माधुर्य की सुनहरी किरणों से रंजित कर देती है। फिर मध्याह्न का प्रखर ताप आता है, क्षण-क्षण पर बगूले उठते हैं और पृथ्वी काँपने लगती है। लालसा का सुनहरा आवरण हट जाता है और वास्तविकता अपने नग्न रूप में सामने

आ खड़ी होती है। उसके बाद विश्राममय संध्या आती है—शीतल और शांत। जब हम थके हुए पथिकों की भाँति दिन भर की यात्रा का वृत्तांत तटस्थ भाव से कहते हैं और सुनते हैं, मानो हम किसी ऊँचे शिखर पर जा बैठे हैं, जहाँ नीचे का जन-रव हम तक नहीं पहुँचता।

—सुप्रसिद्ध उपन्यास 'गोदान' के अध्याय-4 से उद्धृत।

❁❁❁

शिक्षा

वह शिक्षा, जो सिर्फ अक्ल तक ही रह जाए, अधूरी है। जिन संस्थाओं में युवकों में समाज से पृथक् रहनेवाली मनोवृत्ति पैदा हो, जो अमीर और गरीब के भेद को न सिर्फ कायम रखे बल्कि और मजबूत करे, जहाँ पुरुषार्थ इतना कोमल बना दिया जाए कि उसमें मुश्किलों का सामना करने की शक्ति न रह जाए, जहाँ कला और संयम में कोई मेल न हो, जहाँ की कला केवल नाचने-गाने और नकल करने में ही जाहिर हो, उस शिक्षा का मैं कायल नहीं हूँ। शायद ही मुल्क में कोई ऐसी शिक्षा-संस्था हो, जिसने कौम की पुकार का इतनी जवाँमर्दी से स्वागत किया हो।

—वार्षिक आर्यभाषा सम्मेलन, लाहौर में दिए गए भाषण से उद्धृत।

❁❁❁

शिष्टता

हम अंग्रेजी शिक्षा शिष्टता के लिए नहीं ग्रहण करते। इसका उद्देश्य उदार है। शिष्टता के लिए हमें अंग्रेजी के सामने हाथ फैलाने की कोई जरूरत नहीं। शिष्टता हमारी मीरास है, शिष्टता हमारी घुट्टी में पड़ी है। हम तो कहेंगे कि हम जरूरत से ज्यादा शिष्ट हैं। हमारी शिष्टता दुर्बलता की हद तक पहुँच गई है। पश्चिमी शिष्टता में जो कुछ है, वह उद्योग और पुरुषार्थ है। हमने ये चीजें तो उसमें से छाँटीं नहीं। छाँटा क्या—लोफरपन, अहंकार, स्वार्थांधता, बेशर्मी, शराब और दुर्व्यसन। एक मूर्ख

किसान के पास जाइए। कितना नम्र, कितना मेहमाननवाज, कितना ईमानदार और कितना विश्वास! उसी का भाई टॉमी है, पश्चिमी सभ्यता की शिष्टता का नमूना शराबी, लोफर, गुंडा, अक्खड़ और हया से खाली। शिष्टता सीखने के लिए हमें अंग्रेजी की गुलामी करने की जरूरत नहीं।

—29 दिसंबर, 1934 को दक्षिण भारत हिंदी प्रचार सभा, मद्रास में दिए गए दीक्षांत भाषण से उद्धृत।

❁❁❁

संकल्प

बड़े-बड़े महान् संकल्प आवेश में ही जन्म लेते हैं।

—सामाजिक उपन्यास 'निर्मला' के अध्याय-12 से उद्धृत।

❁❁❁

संतान-प्रेम

संतान-प्रेम मानव-चरित्र का एक व्यापक गुण है। ऐसा कौन प्राणी होगा, जिसे अपनी संतान प्यारी न हो? इस संतान-प्रेम की मात्राएँ हैं, उसके भेद हैं। कोई तो संतान के लिए मर मिटता है, उसके लिए कुछ छोड़ जाने के लिए नाना प्रकार के कष्ट झेलता है; लेकिन धर्मभीरुता के कारण अनुचित रीति से धन-संचय नहीं करता। उसे शंका होती है कि कहीं इसका परिणाम हमारी संतान के लिए बुरा न हो।

❁❁❁

कोई ऐसा होता है कि औचित्य का लेश मात्र भी विचार नहीं करता। जिस तरह भी, कुछ धन-संचय कर जाना अपना ध्येय समझता है, चाहे इसके लिए उसे दूसरों का गला ही क्यों न काटना पड़े। वह संतान-प्रेम पर अपनी आत्मा को भी बलिदान कर देता है।

❁❁❁

एक तीसरा संतान-प्रेम वह है, जहाँ संतान का चरित्र प्रधान कारण

होता है, जबकि पिता संतान का कुचरित्र देखकर उससे उदासीन हो जाता है। उसके लिए कुछ छोड़ जाना या कर जाना वह व्यर्थ समझता है।

❁❁❁

संतान-प्रेम की एक दशा यह भी है कि पुत्र को कुमार्ग पर चलते देखकर पिता उसका घातक शत्रु हो जाता है।

❁❁❁

वह भी संतान-प्रेम ही है, जब पिता के लिए पुत्र घी का लड्डू होता है, जिसका टेढ़ापन उसके स्वाद में बाधक नहीं होता।

❁❁❁

वह संतान-प्रेम भी देखने में आता है, जहाँ शराबी, जुआरी पिता पुत्र-प्रेम के वशीभूत होकर सारी बुरी आदतें छोड़ देता है।

—'कुछ विचार' नामक पुस्तक के पाठ 'उपन्यास' से उद्‌धृत।

❁❁❁

संपन्नता

संपन्नता अपमान और बहिष्कार को तुच्छ समझती है। उनके अभाव में ये बाधाएँ प्राणांतक हो जाती हैं।

—कथा-संग्रह 'मानसरोवर-5' की कहानी
'बहिष्कार' से उद्‌धृत।

❁❁❁

सच्चा मित्र

खुशी में साथ हँसनेवाले बहुतेरे मिल जाते हैं; रंज में जो साथ रोए, वही सच्चा मित्र है।

—सामाजिक उपन्यास 'निर्मला' के
अध्याय-17 से उद्‌धृत।

❁❁❁

सत्य-असत्य

इतिहास में सबकुछ यथार्थ होते हुए भी वह असत्य है और कथा-साहित्य में सबकुछ काल्पनिक होते हुए वह सत्य है।

—'साहित्य का उद्‌देश्य' नामक पुस्तक के अध्याय 'साहित्य का आधार' से उद्‌धृत।

❁❁❁

सत्य-असत्य भाव

हमारा जैसा मानसिक संगठन है, उसमें असत्य भावों के प्रति घृणामय दया ही का ही उदय होता है। जिन भावों द्वारा हम अपने को दूसरे में मिला सकते हैं, वही सत्य भाव है। प्रेम हमें अन्य वस्तुओं से मिलाता है, अहंकार पृथक् करता है। जिसमें अहंकार की मात्रा अधिक है, वह दूसरों से कैसे मिलेगा? अतएव प्रेम सत्य भाव है, अहंकार असत्य भाव है।

—'साहित्य का उद्‌देश्य' नामक पुस्तक के पाठ 'साहित्य का आधार' से उद्‌धृत।

❁❁❁

समाज का आधार

समाज में हमेशा ही ऐसे लोगों की कसरत होती है, जो खाने-पीने, धन बटोरने और जिंदगी के अन्य धंधों में लगे रहते हैं। यह समाज की देह है। उसके प्राण वे गिने-गिनाए मनुष्य हैं, जो उसकी रक्षा के लिए सदैव लड़ते रहते हैं। कभी अंधविश्वास से तो कभी मूर्खता से, कभी कुव्यवस्था से तो कभी पराधीनता से। इन्हीं लड़ंतियों के साहस और बुद्धि पर समाज का आधार है। आप इन्हीं सिपाहियों में हैं। सिपाही लड़ता है, हारने-जीतने की उसे परवाह नहीं होती। उसके जीवन का ध्येय ही यह है कि वह बहुतों के लिए अपने को होम कर दे।

—29 दिसंबर, 1934 को दक्षिण भारत हिंदी प्रचार सभा, मद्रास में दिए गए दीक्षांत भाषण से उद्‌धृत।

❁❁❁

समाज में साहित्यकार का स्थान

इसमें शक नहीं है कि साहित्यकार पैदा होता है, बनाया नहीं जाता; पर यदि हम शिक्षा और जिज्ञासा से प्रकृति की इस देन को बढ़ा सकें तो निश्चय ही हम साहित्य की अधिक सेवा कर सकेंगे।

❁❁❁

हममें से जिन्हें सर्वोत्तम शिक्षा और सर्वोत्तम मानसिक शक्तियाँ मिली हैं, उन पर समाज के प्रति उतनी ही जिम्मेदारी भी है। हम उस मानसिक पूँजीपति को पूजा के योग्य नहीं समझेंगे, जो समाज के पैसे से ऊँची शिक्षा प्राप्त कर उसे शुद्ध स्वार्थ-साधन में लगाता है। समाज से निजी लाभ उठाना ऐसा काम है, जिसे कोई साहित्यकार कभी पसंद नहीं करेगा। उस मानसिक पूँजीपति का कर्तव्य है कि वह समाज के लाभ को अपने निज के लाभ से अधिक ध्यान देने योग्य समझे, अपनी विद्या और योग्यता से समाज को अधिक लाभ पहुँचाने की कोशिश करे। वह साहित्य के किसी भी विभाग में प्रवेश क्यों न करे, उसका उस विभाग से विशेषत: और सब विभागों से सामान्यत: परिचय हो।

❁❁❁

हमने समझ रखा है कि साहित्य-रचना के लिए आशु बुद्धि और तेज कलम काफी है; पर यही विचार हमारी साहित्यिक अवनति का कारण है। हमें अपने साहित्य का मानदंड ऊँचा करना होगा, जिसमें वह समाज की अधिक मूल्यवान् सेवा कर सके, जिसमें समाज में उसे वह पद मिले, जिसका वह अधिकारी है, जिसमें वह जीवन के प्रत्येक विभाग की आलोचना-विवेचना कर सके और हम दूसरी भाषाओं तथा साहित्यों का जूठा खाकर ही संतोष न करें, बल्कि खुद भी उस पूँजी को बढ़ाएँ।

❁❁❁

जिन्हें धन-वैभव प्यारा है, साहित्य-मंदिर में उनके लिए स्थान नहीं है। यहाँ तो उन उपासकों की आवश्यकता है, जिन्होंने सेवा को ही अपने

जीवन की सार्थकता मान लिया हो, जिनके दिल में दर्द की तड़प हो और मुहब्बत का जोश हो। अपनी इज्जत तो अपने हाथ है। अगर हम सच्चे दिल से समाज की सेवा करेंगे तो मान-प्रतिष्ठा और प्रसिद्धि सभी हमारे पाँव चूमेंगी, फिर मान-प्रतिष्ठा की चिंता हमें क्यों सताए और उसके न मिलने से हम निराश क्यों हों? सेवा में जो आध्यात्मिक आनंद है, वही हमारा पुरस्कार है। हमें समाज पर अपना बड़प्पन जताने, उस पर रोब जमाने की हवस क्यों हो? दूसरों से ज्यादा आराम के साथ रहने की इच्छा भी हमें क्यों सताए? हम अमीरों की श्रेणी में अपनी गिनती क्यों कराएँ? हम तो समाज का झंडा लेकर चलनेवाले सिपाही हैं और सादी जिंदगी के साथ ऊँची निगाह हमारे जीवन का लक्ष्य है। —*प्रगतिशील लेखक संघ के लखनऊ अधिवेशन में दिए गए भाषण से उद्धृत।*

❁❁❁

समालोचना का महत्त्व

साहित्य में समालोचना का जो महत्त्व है, उसका बयान करने की जरूरत नहीं है। सत्साहित्य का निर्माण बहुत ही गंभीर समालोचना पर निर्भर है। यूरोप में इस युग को समालोचना का युग कहते हैं। वहाँ प्रतिवर्ष सैकड़ों पुस्तकें केवल समालोचना के विषय की ही निकलती रहती हैं। यहाँ तक कि ऐसे ग्रंथों का विचार-प्रसार, प्रभाव और स्थान क्रियात्मक रचनाओं से किसी भी प्रकार से कम नहीं है। कितने ही पत्रों और पत्रिकाओं में स्थायी रूप से आलोचनाएँ निकलती रहती हैं; लेकिन हिंदी में या तो समालोचना होती ही नहीं या होती है तो द्वेष या झूठी प्रशंसा से भरी हुई अथवा ऊपरी, उथली और बहिर्मुखी। ऐसे समालोचक बहुत कम हैं, जो किसी रचना की तह में डूबकर उसका सात्त्विक और मनोवैज्ञानिक विवेचन कर सकें।

—*'साहित्य का उद्देश्य' नामक पुस्तक के अध्याय 'साहित्य में समालोचना' से उद्धृत।*

❁❁❁

सहायता

मनुष्य का स्वभाव ही ऐसा है। गए घरों की बात जाने दो, लेकिन जिसमें आत्मसम्मान का कुछ भी अंश है, वह दूसरों की सहायता नहीं लेना चाहता।

—सामाजिक उपन्यास 'प्रतिज्ञा' के अध्याय-4 से उद्‌धृत।

❁❁❁

साहित्य

मेरा अभिप्राय यह नहीं है कि जो कुछ दिया जाए, वह सब-का-सब साहित्य है। साहित्य उसी रचना को कहेंगे, जिसमें कोई सच्चाई प्रकट की गई हो; जिसकी भाषा प्रौढ़, परिमार्जित एवं सुंदर हो और जिसमें दिल और दिमाग पर असर डालने का गुण हो। साहित्य में यह गुण पूर्ण रूप से उसी अवस्था में उत्पन्न होता है, जब उसमें जीवन की सच्चाइयाँ और अनुभूतियाँ व्यक्त की गई हों।

❁❁❁

इसमें संदेह नहीं कि मानव-प्रकृति का मर्मज्ञ साहित्यकार राजकुमारों की प्रेम-गाथाओं और तिलिस्मी कहानियों में भी जीवन की सच्चाइयाँ वर्णित कर सकता है और सौंदर्य का सृजन कर सकता है; परंतु इसमें भी इस सत्य की ही पुष्टि होती है कि साहित्य में प्रभाव उत्पन्न करने के लिए यह आवश्यक है कि वह जीवन की सच्चाइयों का दर्पण हो। फिर आप उसे जिस चौखटे में चाहें, लगा सकते हैं। चिड़े की कहानी और गुल-ओ-बुलबुल की दास्तान भी उसके लिए उपयुक्त हो सकती है।

❁❁❁

साहित्य की बहुत सी परिभाषाएँ की गई हैं, पर मेरे विचार से उसकी सर्वोत्तम परिभाषा 'जीवन की आलोचना' है। चाहे वह निबंध के रूप में हो, चाहे कहानियों के या काव्य के, उसे हमारे जीवन की आलोचना और व्यवस्था करनी चाहिए।

❁❁❁

साहित्य अपने काल का प्रतिबिंब होता है। जो भाव और विचार लोगों के हृदयों को स्पंदित करते हैं, वही साहित्य पर भी अपनी छाया डालते हैं।

—प्रगतिशील लेखक संघ के लखनऊ अधिवेशन में दिए गए भाषण से उद्धृत।

❁❁❁

भोजन जहाँ थोड़े से मसाले से अधिक रुचिकर हो जाता है, वहाँ यह भी आवश्यक है कि मसाले मात्रा से बढ़ने न पाएँ। जिस तरह मसालों के बाहुल्य से भोजन का स्वाद और उपयोगिता कम हो जाती है, उसी भाँति साहित्य भी अलंकारों के दुरुपयोग से विकृत हो जाता है।

❁❁❁

अभिव्यक्ति मानव हृदय का स्वाभाविक गुण है। मनुष्य जिस समाज में रहता है, उसमें मिलकर रहता है। जिन मनोभावों से वह अपने मेल के क्षेत्र को बढ़ा सकता है, अर्थात् जीवन के अनंत प्रभाव में सम्मिलित हो सकता है, वही सत्य है। जो वस्तुएँ भावनाओं के इस प्रवाह में बाधक होती हैं, वे सर्वथा अस्वाभाविक हैं; परंतु यदि स्वार्थ, अहंकार और ईर्ष्या की ये बाधाएँ न होतीं तो हमारी आत्मा के विकास को शक्ति कहाँ से मिलती? शक्ति तो संघर्ष में है। हमारा मन इन बाधाओं को परास्त करके अपने स्वाभाविक कार्य को प्राप्त करने की सदैव चेष्टा करता रहता है। इसी संघर्ष से साहित्य की उत्पत्ति होती है। यही साहित्य की उपयोगिता भी है।

—'कुछ विचार' नामक पुस्तक के पाठ 'कहानी कला-3' से उद्धृत।

❁❁❁

साहित्य का संबंध सत्य और सुंदर से है, यह हमें नहीं भूलना चाहिए।

—'कुछ विचार' नामक पुस्तक के पाठ 'उपन्यास का विषय' से उद्धृत।

❁❁❁

साहित्य का सबसे ऊँचा आदर्श यह है कि उसकी रचना केवल कला की पूर्ति के लिए की जाए। 'कला के लिए कला' के सिद्धांत पर किसी को आपत्ति नहीं हो सकती। वही साहित्य चिरायु हो सकता है, जो मनुष्य की मौलिक प्रवृत्तियों पर अवलंबित हो। ईर्ष्या और प्रेम, क्रोध और लोभ, भक्ति और विराग, दुःख और लज्जा—ये सभी हमारी मौलिक प्रवृत्तियाँ हैं। इन्हीं की छटा दिखाना साहित्य का परम उद्‍देश्य है।

—'कुछ विचार' नामक पुस्तक के पाठ 'उपन्यास' से उद्‍धृत।

❁❁❁

साहित्य का संबंध बुद्धि से उतना नहीं, जितना भावों से है। बुद्धि के लिए दर्शन है, विज्ञान है, नीति है। भावों के लिए कविता है, उपन्यास है, गद्य काव्य है। आलोचना भी साहित्य का एक अंग मानी जाती है, इसलिए कि वह साहित्य को अपनी सीमा के अंदर रखने की व्यवस्था करती है।

❁❁❁

साहित्य का आधार भावों का सौंदर्य है। इससे परे जो कुछ है, वह साहित्य नहीं कहा जा सकता।

—'साहित्य का उद्‍देश्य' नामक पुस्तक के पाठ
'साहित्य का आधार' से उद्‍धृत।

❁❁❁

हिंदी साहित्य में ऐसे लेखकों की ईश्वर की दया से कोई कमी नहीं है, जो संसार-साहित्य से परिचित हैं, साहित्य के मर्मज्ञ हैं और साहित्य के तत्त्वों को समझते हैं। साहित्य का पथ-प्रदर्शन उन्हीं का कर्तव्य है; लेकिन या तो वे हिंदी की पुस्तकों की आलोचना करना अपनी शान के खिलाफ समझते हैं या उन्हें हिंदी साहित्य में कोई चीज आलोचना के योग्य मिलती ही नहीं या फिर हिंदी भाषा उन्हें अपने गहरे विचारों को प्रकट करने के लिए काफी मालूम नहीं होती। इन तीनों ही कारणों में

कुछ-न-कुछ तत्त्व हैं; लेकिन इसका इलाज क्या हिंदी साहित्य से मुँह मोड़ लेना है? क्या आँखें बंद करके बैठ जाने से ही सारी बाधाएँ टल जाती हैं? हमें साहित्य का निर्माण करना है।

❁❁❁

साहित्य ने अपने लिए मनोभावनाओं का क्षेत्र चुन लिया है। वह उन्हीं तत्त्वों को रागात्मक व्यंजना के द्वारा हमारे अंतस्तल तक पहुँचाता है। उसका कार्य हमारी सुंदर भावनाओं को जगाकर उनमें क्रियात्मक शक्ति की प्रेरणा देना है।

❁❁❁

साहित्य की बहुत सी परिभाषाएँ की गई हैं; लेकिन मेरे विचार में, उसकी सबसे सुंदर परिभाषा जीवन की आलोचना है। हम जिस रोमानियत के युग से गुजरे हैं, उसका जीवन से कोई संबंध नहीं था। साहित्यकारों में एक दल तो वैराग्य की दुहाई देता था तो दूसरा शृंगार में डूबा हुआ था। पतनकाल में सभी साहित्यों का यही हाल होता है।

❁❁❁

आज का साहित्यकार जीवन के प्रश्नों से भाग नहीं सकता। अगर सामाजिक संस्थाओं से वह प्रभावित नहीं होगा, अगर वह हमारे सौंदर्य-बोध को जगा नहीं सकता, अगर वह हममें भावों और विचारों की स्फूर्ति नहीं डाल सकता तो वह इस ऊँचे पद के योग्य नहीं समझा जाता। पुराने जमाने में पंथों के हाथ में समाज की बागडोर थी। हमारा मानसिक और नैतिक संस्कार धर्म के आदेशों का अनुगामी था। अब वह भार साहित्य ने अपने ऊपर ले लिया है।

❁❁❁

साहित्य हमारी सौंदर्य-भावना को सजग करने की चेष्टा करता है। मनुष्यमात्र में यह भावना होती है। जिसमें यह भावना प्रबल होती है और उसके साथ ही उसे प्रकट करने का सामर्थ्य भी होता है, वह साहित्य का

उपासक बन जाता है।

—'साहित्य का उद्देश्य' नामक पुस्तक के अध्याय 'साहित्य और मनोविज्ञान' से उद्धृत।

❁❁❁

साहित्य धर्म को फिरकाबंदी की हद तक गिरा हुआ नहीं देख सकता। वह समाज के संप्रदायों के रूप में नहीं, बल्कि मानवता के रूप में देखता है।

❁❁❁

दुनिया में मानव-जाति के कल्याण के लिए जितने भी आंदोलन हुए हैं, उन सभी के लिए साहित्य ने ही जमीन तैयार की है। जमीन ही नहीं तैयार की, बल्कि बीज भी बोए और उसकी सिंचाई भी की।

❁❁❁

साहित्य राजनीति के पीछे चलनेवाली चीज नहीं, बल्कि उसके आगे-आगे चलनेवाला 'एडवांस गार्ड' है। वह उस विद्रोह का नाम है, जो मनुष्य के हृदय में अन्याय, अनीति और कुरुचि से होता है।

❁❁❁

जिस साहित्य में हमारे जीवन की समस्याएँ न हों और हमारी आत्मा को स्पर्श करने की शक्ति न हो, जो केवल जिंसी भावों में गुदगुदी पैदा करने के लिए या भाषा-चातुरी दिखाने के लिए रचा गया हो, वह साहित्य निर्जीव, सत्यहीन एवं प्राणहीन है।

❁❁❁

साहित्य में हमारी आत्माओं को जगाने की, हमारी मानवता को सचेत करने की, हमारी रसिकता को प्राप्त करने की शक्ति होनी चाहिए। ऐसी ही रचनाओं से कौमें बनती हैं। वह साहित्य, जो हमें विलासिता के नशे में डुबो दे; जो हमें वैराग्य, पस्तहिम्मती और निराशावाद की ओर ले जाए; जिसके निकट संसार दुःख का घर है, उससे निकल भागने में हमारा कल्याण है। जो केवल लिप्सा और भावुकता में डूबी हुई कथाएँ

लिखकर कामुकता को भड़काए, वह निर्जीव है। सजीव साहित्य वह है, जो प्रेम से लबरेज हो और उस प्रेम से नहीं, जो कामुकता का दूसरा नाम है; बल्कि उस प्रेम से, जिसमें शक्ति, आत्मसम्मान और जीवन है।

❁❁❁

साहित्य बदगुमानियों को मिटानेवाली चीज है। अगर आज हम हिंदू और मुसलमान एक-दूसरे के साहित्य से अधिकाधिक परिचित हों तो मुमकिन है कि हम अपने आपको एक-दूसरे से कहीं ज्यादा निकट पाएँ। साहित्य में हम हिंदू नहीं हैं, मुसलमान नहीं हैं और ईसाई भी नहीं हैं; बल्कि हम सभी मनुष्य हैं और वह मनुष्यता हमें और आपको लगातार आकर्षित करती है।

❁❁❁

साहित्य में सबसे बड़ी खूबी यह है कि वह हमारी मानवता को दृढ़ बनाता है, हममें सहानुभूति और उदारता के भाव पैदा करता है। जिस हिंदू के कर्बला के मारके की तारीख पढ़ी है, यह असंभव है कि उसे मुसलमानों से सहानुभूति न हो। उसी तरह, जिस तरह मुसलमानों ने 'रामायण' पढ़ी है और उसके दिल में हिंदूमात्र से हमदर्दी पैदा हो जाना यकीनी है।

—वार्षिक आर्यभाषा सम्मेलन, लाहौर में दिए गए भाषण से उद्धृत।

❁❁❁

साहित्य का आधार जीवन है। इसी नींव पर साहित्य की दीवार खड़ी होती है; उसकी अटारियाँ, मीनार और गुंबद बनते हैं; मगर बुनियाद मिट्टी के नीचे दबी पड़ी है। उसे देखने को भी जी नहीं चाहेगा। जीवन परमात्मा की सृष्टि है, इसलिए अनंत है, वह अगम्य है। साहित्य मनुष्य की सृष्टि है, इसलिए सुबोध, सुगम और मर्यादाओं से परिमित है। जीवन अपने परमात्मा को अपने कार्यों का जवाबदेह है या नहीं, हमें मालूम नहीं; लेकिन साहित्य तो मनुष्य के सामने जवाबदेह है। इसके

लिए कानून हैं, जिनसे वह इधर-उधर नहीं हो सकता।

❁❁❁

हमारा विचार है कि साहित्य में केवल एक रस है और वह है श्रृंगार। कोई रस साहित्यिक दृष्टि से रस नहीं रहता और न ही उस रचना की गणना साहित्य में की जा सकती है, जो श्रृंगार-विहीन व असुंदर हो। जो रचना केवल वासना-प्रधान हो, जिसका उद्देश्य कुत्सित भावों को जगाना हो, जो केवल बाह्य जगत् से संबंध रखे, वह साहित्य नहीं है।

❁❁❁

साहित्य ही मनोविकारों के रहस्य खोलकर सद्वृत्तियों को जगाता है। हम सत्य को रसों द्वारा जितनी आसानी से प्राप्त कर सकते हैं, ज्ञान और विवेक द्वारा नहीं कर सकते। उसी तरह, जैसे दुलार-चुमकारकर बच्चों को जितनी सफलता से वश में किया जा सकता है, डाँट-फटकार से संभव नहीं। कौन नहीं जानता कि प्रेम द्वारा कठोर-से-कठोर प्रकृति को नरम किया जा सकता है।

❁❁❁

साहित्य मस्तिष्क की वस्तु नहीं, बल्कि हृदय की वस्तु है। जहाँ ज्ञान और उपदेश असफल होता है, वहाँ साहित्य बाजी मार लेता है। यही कारण है कि हम उपनिषदों और अन्य धर्मग्रंथों को साहित्य की सहायता लेते देखते हैं।

❁❁❁

साहित्य वह जादू की लकड़ी है, जो पशुओं में, ईंट-पत्थरों में और पेड़-पौधों में भी विश्व की आत्मा का दर्शन करा देती है।

❁❁❁

सच्चा साहित्य कभी पुराना नहीं होता, वह सदा नया बना रहता है। दर्शन और विज्ञान समय की गति के अनुसार बदलते रहते हैं; लेकिन

साहित्य तो हृदय की वस्तु है और मानव-हृदय में तब्दीलियाँ नहीं होतीं।

❁❁❁

साहित्य ही सच्चा इतिहास है, क्योंकि उसमें अपने देश और काल का जैसा चित्र होता है, वैसा कोरे इतिहास में नहीं हो सकता। घटनाओं की तालिका इतिहास नहीं है और न ही राजाओं की लड़ाइयाँ इतिहास हैं। इतिहास जीवन के अंगों की प्रगति का नाम है और जीवन पर साहित्य से अधिक प्रकाश और कौन सी वस्तु डाल सकती है; क्योंकि साहित्य अपने देशकाल का प्रतिबिंब होता है।

❁❁❁

हमारी सभ्यता साहित्य पर ही आधारित है। हम जो कुछ हैं, साहित्य के ही बनाए हुए हैं। विश्व की आत्मा के अंतर्गत भी राष्ट्र या देश की एक आत्मा होती है और इसी आत्मा की प्रतिध्वनि है साहित्य।

❁❁❁

साहित्य सामाजिक आदर्शों का स्रष्टा है। जब आदर्श ही भ्रष्ट हो गया तो समाज के पतन में बहुत दिन नहीं लगते।

❁❁❁

हम अकसर साहित्य का मर्म समझे बिना ही लिखना शुरू कर देते हैं। शायद हम समझते हैं कि मजेदार, चटपटी और ओजपूर्ण भाषा में ही लिखना साहित्य है। भाषा भी साहित्य का अंग है। स्थायी साहित्य विध्वंस नहीं करता, बल्कि निर्माण करता है।

❁❁❁

अगर हमारा साहित्य आज उन्नति नहीं करता तो कारण यही है कि हमने साहित्य-रचना के लिए कोई तैयारी नहीं की। दो-चार नुस्खे याद करके हकीम बन बैठे।

—'कुछ विचार' पुस्तक के अध्याय 'जीवन में साहित्य का स्थान' से उद्धृत।

❁❁❁

हमारा नया साहित्य अन्य प्रांतीय साहित्यों की भाँति ही अभी संपन्न नहीं है। अगर सभी प्रांतों का साहित्य हिंदी में आ सके तो शायद वह संपन्न कहा जा सके।

—29 दिसंबर, 1934 को दक्षिण भारत हिंदी प्रचार सभा, मद्रास में दिए गए दीक्षांत भाषण से उद्धृत।

❀❀❀

साहित्य काल्पनिक वस्तु है, लेकिन उसका प्रधान गुण है आनंद प्रदान करना और इसलिए वह सत्य है।

—'कुछ विचार' पुस्तक के अध्याय 'कहानी कला-2' से उद्धृत।

❀❀❀

साहित्य की जो सबसे अच्छी तारीफ की गई है, वह यह है कि वह अच्छे-से-अच्छा दिल और दिमाग के अच्छे-से-अच्छे भावों व विचारों का संग्रह है।

—आर्यभाषा सम्मेलन के वार्षिकोत्सव पर दिए गए भाषण से उद्धृत।

❀❀❀

साहित्य तो हर एक रस में सुंदर खोजता है। राजा के महल में, रंक की झोंपड़ी के शिखर पर, गंदे नालों के अंदर, उषा की लाली में और सावन-भादों की रात में। यह आश्चर्य की बात है कि रंक की झोंपड़ी में जितनी आसानी से सुंदर मूर्तिमान दिखाई देता है, महलों में नहीं।

❀❀❀

जीवन में साहित्य की उपयोगिता के विषय में कभी-कभी संदेह किया जाता है। कहा जाता है कि जो स्वभाव से अच्छे हैं, वे अच्छे ही रहेंगे, फिर चाहे कुछ भी पढ़ें। जो स्वभाव से बुरे हैं, वे बुरे ही रहेंगे, फिर चाहे वे कुछ भी पढ़ें।

—'कुछ विचार' नामक पुस्तक के अध्याय 'जीवन में साहित्य का स्थान' से उद्धृत।

❀❀❀

अपने भावों को जगाने के लिए उनका बाहर की वस्तुओं से सामंजस्य होना चाहिए। अगर बाह्य प्रकृति का हमारे ऊपर कोई प्रभाव न पड़े, अगर हम किसी को पुत्र-शोक में विलाप करते देखकर आँसू की चार बूँदें नहीं गिरा सकते तो यह समझना चाहिए कि हम निर्वाण प्राप्त कर चुके हैं। उस दशा के लिए साहित्य का कोई मूल्य नहीं।

—'साहित्य का उद्‌देश्य' नामक पुस्तक के अध्याय 'साहित्य का आधार' से उद्‌धृत।

❁❁❁

लोभ की क्रूर-से-क्रूर, अहंकार की नीच-से-नीच, ईर्ष्या की अधम-से-अधम घटनाएँ आपको वहाँ (इतिहास में) मिलेंगी और आप सोचने लगेंगे कि मनुष्य इतना अमानुष है! थोड़े से स्वार्थ के लिए भाई अपने भाई की हत्या कर देता है, बेटा अपने बाप की हत्या कर देता है और राजा असंख्य प्रजा की हत्या कर देता है। इसे पढ़कर मन में ग्लानि होती है, आनंद नहीं और जो वस्तु आनंद प्रदान नहीं कर सकती, वह सुंदर नहीं हो सकती और जो वस्तु सुंदर नहीं हो सकती, वह सत्य भी नहीं हो सकती। जहाँ आनंद है, वहीं सत्य है। और साहित्य एक काल्पनिक वस्तु है।

❁❁❁

मनुष्य ने जगत् में जो कुछ सत्य और सुंदर पाया है और पा रहा है, उसी को साहित्य कहते हैं। और कहानी भी साहित्य का एक भाग है।

❁❁❁

साहित्य और प्रोपेगेंडा

साहित्य और प्रोपेगेंडा में क्या अंतर है, इसे यहाँ प्रकट कर देना जरूरी मालूम होता है। प्रोपेगेंडा में अगर आत्म-विज्ञापन न भी हो तो एक विशेष उद्‌देश्य को पूरा करने की वह उत्सुकता होती है, जो साधनों की परवाह नहीं करती। साहित्य शीतल-मंद समीर है, जो सभी को शीतल और आनंदित

करती है। प्रोपेगेंडा अंधी है, जो आँखों में धूल झोंकती है, हरे-भरे वृक्षों को उखाड़ फेंकती है और झोंपड़े तथा महल दोनों को ही हिला देती है। वह रस-विहीन होने के कारण आनंद की वस्तु नहीं, लेकिन यदि कोई चतुर कलाकार उसमें सौंदर्य और रस भर सके तो वह प्रोपेगेंडा की चीज न होकर सत्साहित्य की वस्तु बन जाती है।

❁❁❁

जितना शुष्क विषय प्रतिपादन है, वह प्रोपेगेंडा है; जितनी सौंदर्य की अनुभूति है, वह सच्चा साहित्य है। हम इसीलिए किसी कलाकार से जवाब-तलब नहीं कर सकते कि वह अमुक प्रसंग से ही क्यों अनुराग रखता है। यह उसकी रुचि या परिस्थितियों से पैदा हुई परवशता है। हमारे लिए तो उसकी परीक्षा की एक ही कसौटी है—वह हमें सत्य और सुंदर के समीप ले जाता है या नहीं? यदि ले जाता है तो वह साहित्य है, नहीं ले जाता है तो प्रोपेगेंडा या उससे भी निकृष्ट है।

❁❁❁

जिस तरह किसी आंदोलन या किसी सामाजिक अत्याचार के पक्ष या विपक्ष में लिखा गया रसहीन साहित्य प्रोपेगेंडा है, उसी तरह किसी तात्त्विक विचार या अनुभूत दर्शन से भरी हुई रचना भी प्रोपेगेंडा है। साहित्य जहाँ रसों से पृथक् हुआ, वहीं वह साहित्य के पद से गिर जाता है और प्रोपेगेंडा के क्षेत्र में जा पहुँचता है।

❁❁❁

इसके साथ यह भी याद रखना चाहिए कि बहुधा एक लेखक की कलम से जो चीज प्रोपेगेंडा होकर निकलती है, वही दूसरे लेखक की कलम से सत्साहित्य बन जाती है। बहुत कुछ लेखक के व्यक्तित्व पर मुनहसर है।

—'साहित्य का उद्‍देश्य' नामक पुस्तक के पाठ 'साहित्य का आधार' से उद्‍धृत।

❁❁❁

साहित्य और समाज

विचारों की शिथिलता ही पतन का सबसे मनहूस लक्षण है। जब समाज का मस्तिष्क—अर्थात् पढ़ा-लिखा शासक—भोग, विषय भोग, में लिप्त हो जाता है तो विचारों की प्रगति रुक जाती है और अकर्मण्यता का अड्डा जमने लगता है। वैसे तो इतिहास के उज्ज्वल युगों में भी भोग-वृत्ति की कमी कभी नहीं रही; लेकिन अंतर इतना ही है कि एक दशा में भोग हमें कर्म के लिए उत्तेजित करता है तो दूसरी दशा में वह हमें पस्त-हिम्मत और विचार-शून्य बना देता है। समाज इंद्रिय-सुख में इतना डूब जाता है कि उसे किसी बात की चिंता नहीं रहती। उसकी दशा उस शराबी जैसी हो जाती है, जिसमें केवल शराब पीने की चेतना ही रह जाती है। उसकी आत्मा इतनी दुर्बल हो जाती है कि शराब का आनंद भी नहीं उठा सकती। वह पीता है केवल पीने के लिए, आनंद के लिए नहीं। जब शिक्षित समाज इस दशा में आ जाता है तो साहित्य पर उसका असर कैसे न पड़े।

—'साहित्य का उद्‌देश्य' पुस्तक के अध्याय 'साहित्य और मनोविज्ञान' से उद्‌धृत।

❁❁❁

मानव बुद्धि की विभिन्नताओं को मानते हुए भी हमारी भावनाएँ सामान्यत: एक रूप होती हैं, अंतर केवल उनके विकास में होता है। कुछ लोगों में विकास इतना प्रखर होता है कि वह क्रिया के रूप में प्रकट होता है, अन्यथा अधिकतर सुषुप्तावस्था में ही पड़ा रहता है। साहित्य इन भावनाओं को सुषुप्तावस्था से जाग्रतावस्था में लाने की चेष्टा करता है; पर वह इसको कभी नहीं भूल सकता कि मनुष्य में जो मानवता और सौंदर्य-भावना छिपी रहती है, वहीं उसका निशाना पड़ना चाहिए।

—'साहित्य का उद्‌देश्य' पुस्तक के अध्याय 'साहित्य और मनोविज्ञान' से उद्‌धृत।

❁❁❁

साहित्य का उद्देश्य

निस्संदेह काव्य और साहित्य का उद्देश्य हमारी अनुभूतियों की तीव्रता को बढ़ाना है; पर मनुष्य का जीवन केवल स्त्री-पुरुष के प्रेम का जीवन नहीं है। क्या वह साहित्य, जिसका विषय शृंगारिक मनोभावों और उनसे उत्पन्न होनेवाली विरह व्यथा, निराशा आदि तक ही सीमित हो, जिसमें दुनिया की कठिनाइयों से दूर भागना ही जीवन की सार्थकता समझी गई हो, हमारी विचार और भाव संबंधी आवश्यकताओं को पूरा कर सकता है? शृंगारिक मनोभाव मानव जीवन का एक अंग मात्र है और जिस साहित्य का अधिकांश भाग इसी से संबंध रखता हो, वह उस जाति और उस युग के लिए गर्व करने की वस्तु नहीं हो सकता और न उसकी सुरुचि का ही प्रमाण हो सकता है।

❁❁❁

साहित्य अपने काल का प्रतिबिंब होता है। जो भाव और विचार लोगों के हृदय को स्पंदित करते हैं, वही साहित्य पर भी अपनी छाया डालते हैं।

❁❁❁

जब साहित्य पर संसार की नश्वरता का रंग चढ़ा हो और उसका एक-एक शब्द नैराश्य में डूबा, समय की प्रतिकूलता के रोने से भरा और शृंगारिक भावों का प्रतिबिंब बना हो तो समझ लीजिए कि जाति जड़ता और ह्रास के पंजे में फँस चुकी है और उसमें उद्योग तथा संघर्ष का बल बाकी नहीं रहा। उसने ऊँचे लक्ष्यों की ओर से आँखें बंद कर ली हैं और उसमें से दुनिया को देखने-समझने की शक्ति लुप्त हो गई है।

—प्रगतिशील लेखक संघ के लखनऊ अधिवेशन में दिए गए भाषण से उद्धृत।

❁❁❁

यथार्थवादियों का कथन है कि संसार में नेकी-बदी का फल कहीं मिलता नजर नहीं आता, बल्कि बहुधा बुराई का परिणाम अच्छा और भलाई का बुरा होता है। आदर्शवादी कहता है, यथार्थ का यथार्थ रूप

दिखाने से फायदा ही क्या, वह तो हम अपनी आँखों से देखते ही हैं। कुछ देर के लिए तो हमें इन कुत्सित व्यवहारों से अलग रहना चाहिए, नहीं तो साहित्य का मुख्य उद्‌देश्य ही गायब हो जाता है। वह साहित्य को समाज का दर्पण मात्र नहीं मानता, बल्कि दीपक मानता है, जिसका काम प्रकाश फैलाना है।

—'कुछ विचार' नामक पुस्तक के पाठ
'कहानी कला-1' से उद्‌धृत।

❁❁❁

जब साहित्य की रचना किसी सामाजिक, राजनीतिक और धार्मिक मत के प्रचार के लिए की जाती है तो वह अपने ऊँचे पद से गिर जाता है, इसमें कोई संदेह नहीं। आजकल परिस्थितियाँ इतनी तेजी से बदल रही हैं, इतने नए-नए विचार पैदा हो रहे हैं कि कदाचित् अब कोई लेखक साहित्य के आदर्श को ध्यान में रख ही नहीं सकता। यह बहुत मुश्किल है कि लेखक पर इन परिस्थितियों का असर न पड़े, वह उनसे आंदोलित न हो। यही कारण है कि आजकल भारतवर्ष के ही नहीं, यूरोप के बड़े-बड़े विद्वान् भी रचना द्वारा किसी 'वाद' का प्रचार कर रहे हैं। वे इसकी परवाह नहीं करते कि इससे उनकी रचना जीवित रहेगी या नहीं। अपने मत की पुष्टि करना ही उनका ध्येय है।

—'कुछ विचार' नामक पुस्तक के पाठ 'उपन्यास' से उद्‌धृत।

❁❁❁

जब साहित्य की सृष्टि भावोत्कर्ष होती है तो यह अनिवार्य है कि उसका कोई आधार हो। हमारे अंतःकरण का सामंजस्य जब तक बाहर के पदार्थों या वस्तुओं या प्राणियों से न होगा, जागृति हो ही नहीं सकती।

—'साहित्य का उद्‌देश्य' नामक पुस्तक के पाठ
'साहित्य का आधार' से उद्‌धृत।

❁❁❁

प्रवीण समालोचक गण की राय में साहित्य का उद्‌देश्य केवल

भाव-चित्रण ही होना चाहिए। उद्देश्य से लिखी हुई कहानियों में बहुधा लेखक को विवश होकर असंगत बातें कहनी पड़ती हैं, अनावश्यक घटनाओं की आयोजना करनी पड़ती है और सबसे बड़ी कठिनाई यह है कि उसे उपदेशक का स्थान ग्रहण करना पड़ता है; लेकिन रसिक समाज किसी से उपदेश लेना नहीं चाहता। उसे उपदेशों से अरुचि है और उपदेशकों से घृणा। वह केवल मनोरंजन और मनोदर्शन चाहता है; पर इसके साथ ही यह भी मानना पड़ेगा कि गत शताब्दी में पाश्चात्य देशों में जितने भी सुधार हुए हैं, उनमें अधिकांश का बीजारोपण भी उपन्यासों के द्वारा ही किया गया था।

—'साहित्य का उद्देश्य' नामक पुस्तक के अध्याय 'उपन्यास-रचना' से उद्धृत।

❁❁❁

साहित्य का वर्तमान युग मनोविज्ञान का युग कहा जा सकता है। अब साहित्य केवल मनोरंजन की वस्तु नहीं है। मनोरंजन के सिवा उसका कुछ और भी उद्देश्य है। अब केवल वह मिलन और विरह के राग नहीं अलापता। वह जीवन की समस्याओं पर विचार करता है, उनकी आलोचना करता है और उनको सुलझाने की चेष्टा करता है।

—'साहित्य का उद्देश्य' नामक पुस्तक के अध्याय 'उपन्यास-रचना' से उद्धृत।

❁❁❁

साहित्यकार

साधारण वकीलों की तरह साहित्यकार अपने मुवक्किल की ओर से उचित-अनुचित सब तरह के दावे पेश नहीं करता, अतिरंजना से काम नहीं लेता, अपनी ओर से बातें नहीं गढ़ता। वह जानता है कि इन युक्तियों से वह समाज की अदालत पर असर नहीं डाल सकता। उस अदालत का हृदय-परिवर्तन तभी संभव है, जब आप सत्य से तनिक भी विमुख न हों। नहीं तो अदालत की धारणा आपकी ओर से

खराब हो जाएगी और वह आपके खिलाफ फैसला सुना देगी।

❁❁❁

साहित्यकार या कलाकार स्वभावत: प्रगतिशील होता है। अगर यह उसका स्वभाव नहीं होता तो वह शायद साहित्यकार ही नहीं होता। उसे अपने अंदर भी एक कमी महसूस होती है और बाहर भी। इस कमी को पूरा करने के लिए उसकी आत्मा बेचैन रहती है। अपनी कल्पना में वह व्यक्ति और समाज को सुख व स्वच्छंदता की जिस अवस्था में देखना चाहता है, वह उसे दिखाई नहीं देती। अत: वर्तमान मानसिक और सामाजिक अवस्थाओं से उसका दिल कुढ़ता रहता है। वह इन अप्रिय अवस्थाओं का अंत कर देना चाहता है, जिससे दुनिया जीने और मरने के लिए इससे अधिक अच्छा स्थान हो जाए। यही वेदना और यही भाव उसके हृदय और मस्तिष्क को सक्रिय बनाए रखता है। उसका दर्द से भरा हृदय इसे सहन नहीं कर सकता कि एक समुदाय क्यों सामाजिक नियमों और रूढ़ियों के बंधन में पड़कर कष्ट भोगता रहे। क्यों न ऐसे सामान इकट्ठे किए जाएँ कि वह गुलामी और गरीबी से छुटकारा पा जाए। वह इस वेदना को जितनी बेचैनी के साथ अनुभव करता है, उतनी ही उसकी रचना में जोर और सच्चाई पैदा होती है।

—प्रगतिशील लेखक संघ के लखनऊ अधिवेशन में दिए गए भाषण से उद्धृत।

❁❁❁

साहित्यकार की कहानी

साहित्यकार कहानी लिखता है, पर वास्तविकता का ध्यान रखते हुए; मूर्ति बनाता है, ऐसी कि उसमें सजीवता हो और भाव-व्यंजकता भी। वह मानव प्रकृति का सूक्ष्म दृष्टि से अवलोकन करता है, मनोविज्ञान का अध्ययन करता है और इसका यत्न करता है कि उसके पात्र हर हालत में और हर मौके पर इस तरह आचरण करें जैसे रक्त-मांस का

बना मनुष्य करता है। अपनी सहज सहानुभूति और सौंदर्य-प्रेम के कारण वह जीवन के उन सूक्ष्म स्थानों तक जा पहुँचता है, जहाँ मनुष्य अपनी मनुष्यता के कारण पहुँचने में असमर्थ होता है।

—प्रगतिशील लेखक संघ के लखनऊ अधिवेशन में दिए गए भाषण से उद्धृत।

❁❁❁

साहित्य-सृजन की प्रेरणा

नीति-शास्त्र और साहित्य-शास्त्र का लक्ष्य एक ही है, केवल उपदेश की विधि में अंतर है। नीति-शास्त्र तर्कों और उपदेशों के द्वारा बुद्धि और मन पर प्रभाव डालने का यत्न करता है, जबकि साहित्य ने अपने लिए मानसिक अवस्थाओं और भावों का क्षेत्र चुन लिया है। हम जीवन में जो कुछ देखते हैं या जो कुछ हम पर गुजरती है, वही अनुभव और चोटें कल्पना में पहुँचकर साहित्य-सृजन की प्रेरणा देती हैं।

—प्रगतिशील लेखक संघ के लखनऊ अधिवेशन में दिए गए भाषण से उद्धृत।

❁❁❁

साहित्यकार वही हो सकता है, जो दुनिया के सुख-दुःख से सुखी या दुखी हो सके और दूसरों में सुख या दुःख पैदा कर सके। स्वयं दुःख अनुभव कर लेना काफी नहीं है।

—'साहित्य का उद्देश्य' नामक पुस्तक के पाठ 'साहित्य का आधार' से उद्धृत।

❁❁❁

साहित्यकार से अपेक्षा

एक ही घटना या स्थिति से सभी मनुष्य समान रूप से प्रभावित नहीं होते। हर आदमी की मनोवृत्ति और दृष्टिकोण अलग है। रचना-कौशल इसी में है कि लेखक जिस मनोवृत्ति या दृष्टिकोण से किसी बात को

देखे, पाठक भी उसमें उससे सहमत हो जाए। यही उसकी सफलता है। इसके साथ ही हम साहित्यकार से यह भी आशा रखते हैं कि वह अपनी बहुज्ञता और अपने विचारों की विस्तृति से हमें जाग्रत् करे, हमारी दृष्टि तथा मानसिक परिधि को विस्तृत करे। उसकी दृष्टि इतनी सूक्ष्म, इतनी गहरी और विस्तृत हो कि उसकी रचना से हमें आध्यात्मिक आनंद और बल मिले।

❁❁❁

साहित्यकार का लक्ष्य केवल महफिल सजाना और मनोरंजन का सामान जुटाना नहीं है। उसका दर्जा इतना न गिराइए। वह देशभक्ति और राजनीति के पीछे चलनेवाली सच्चाई भी नहीं है, बल्कि उनके आगे मशाल दिखाती हुई चलनेवाली सच्चाई है।

❁❁❁

हमें अकसर यह शिकायत होती है कि साहित्यकारों के लिए समाज में कोई स्थान नहीं, अर्थात् भारत के साहित्यकारों के लिए। सभी देशों में तो साहित्यकार समाज का सम्मानित सदस्य है और बड़े-बड़े अमीर और मंत्रिमंडल के सदस्य उससे मिलने में अपना गौरव समझते हैं; परंतु हिंदुस्तान तो अभी मध्य युग की अवस्था में पड़ा हुआ है। यदि साहित्यकार ने अमीरों के याचक बनने को जीवन का सहारा बना लिया हो और उन आंदोलनों, हलचलों एवं क्रांतियों से बेखबर हो, जो समाज में हो रही हैं, अपनी ही दुनिया बनाकर उसमें रोता और हँसता हो तो इस दुनिया में उसके लिए जगह न होने में कोई अन्याय नहीं है।

❁❁❁

साहित्यकार के सामने जो आदर्श रखा गया है, उसके अनुसार ये सभी विद्याएँ उसका विशेष अंग बन गई हैं और साहित्य की प्रवृत्ति अहंवाद या व्यक्तिवाद तक परिमित नहीं रही, बल्कि वह मनोवैज्ञानिक और सामाजिक होती जाती है। अब वह व्यक्ति को समाज से अलग नहीं देखता, बल्कि उसे समाज के एक अंग-रूप में देखता है। इसलिए नहीं

कि वह समाज पर हुकूमत करे, उसे अपनी स्वार्थ-साधना का औजार बनाए, मानो उसमें और समाज में सनातन शत्रुता है, बल्कि इसलिए कि समाज के अस्तित्व के साथ उसका अस्तित्व कायम है और समाज से अलग होकर उसका मूल्य शून्य के बराबर हो जाता है।

❁❁❁

हमें अपनी रुचि और प्रवृत्ति के अनुकूल विषय चुन लेने चाहिए और उन पर पूर्ण अधिकार प्राप्त करना चाहिए। हम जिस आर्थिक अवस्था में जिंदगी बिता रहे हैं, उसमें यह काम कठिन अवश्य है, पर हमारा आदर्श ऊँचा रहना चाहिए। हम पहाड़ की चोटी तक न पहुँच सकेंगे तो कमर तक अवश्य पहुँच जाएँगे, जो जमीन पर पड़े रहने से अच्छा है। अगर हमारा अंतर प्रेम की ज्योति से प्रकाशित हो और सेवा का आदर्श हमारे सामने हो तो ऐसी कोई कठिनाई नहीं, जिस पर हम विजय प्राप्त न कर सकें।

❁❁❁

जब तक साहित्य का काम केवल मन-बहलाव का सामान जुटाना, केवल लोरियाँ गा-गाकर सुलाना, केवल आँसू बहाकर जी हलका करना था, तब तक इसके लिए कर्म की आवश्यकता नहीं थी। वह एक दीवाना था, जिसका गम दूसरे खाते थे; मगर हम साहित्य को केवल मनोरंजन और विलासिता की वस्तु नहीं समझते।

—प्रगतिशील लेखक संघ के लखनऊ अधिवेशन में दिए गए भाषण से उद्धृत।

❁❁❁

साहित्यकार का काम केवल पाठकों का मन बहलाना नहीं है। यह तो भाटों और मदारियों, विदूषकों और मसखरों का काम है। साहित्यकार का पद इससे कहीं ऊँचा है। वह हमारा पथ-प्रदर्शक होता है। वह हमारे मनुष्यत्व को जगाता है, हममें सद्भाव का संचार करता है, हमारी दृष्टि

को फैलाता है। कम-से-कम उसका यही उद्देश्य होना चाहिए।

—'कुछ विचार' नामक पुस्तक के पाठ 'उपन्यास' से उद्धृत।

❁❁❁

सच्चे साहित्यकार का यही लक्षण है कि उसके भावों में व्यापकता हो। उसने विश्व की आत्मा से ऐसी 'हारमनी' प्राप्त कर ली हो कि उसके भाव प्रत्येक प्राणी को अपने ही भाव मालूम हों।

❁❁❁

साहित्यकार बहुधा अपने देशकाल से प्रभावित होता है। जब देश में कोई लहर उठती है तो साहित्यकार के लिए उससे अविचलित रहना असंभव हो जाता है। उसकी विशाल आत्मा अपने देश-बंधुओं के कष्टों से विकल हो उठती है और इस तीव्र विकलता में वह रो उठता है; लेकिन उसके रुदन में भी व्यापकता होती है। वह स्वदेश का होकर भी सार्वभौमिक रहता है।

❁❁❁

हममें जो युवक साहित्य को अपने जीवन का ध्येय बनाना चाहते हैं, उन्हें बहुत ही आत्मसंयम की आवश्यकता है, क्योंकि वे अपने आपको एक महान् पद के लिए तैयार कर रहे हैं, जो अदालतों में बहस करने या कुरसी पर बैठकर मुकदमे का फैसला करने से कहीं ऊँचा है। उसके लिए केवल डिग्रियाँ और ऊँची शिक्षा ही काफी नहीं। चित्त की साधना, संयम, सौंदर्य-तत्त्व का ज्ञान—इसकी कहीं ज्यादा आवश्यकता है।

—'कुछ विचार' पुस्तक के अध्याय 'जीवन में साहित्य का स्थान' से उद्धृत।

❁❁❁

साहित्यिक रुचि

हमारी साहित्यिक रुचि बड़ी तेजी से बदल रही है। अब साहित्य

केवल मन-बहलाव की चीज नहीं है, मनोरंजन के सिवा उसका और भी कुछ उद्देश्य है। अब वह केवल नायक-नायिका के संयोग-वियोग की कहानी नहीं सुनाता, बल्कि जीवन की समस्याओं पर भी विचार करता है और उन्हें हल करता है। अब वह स्फूर्ति और प्रेरणा के लिए अद्भुत आश्चर्यजनक घटनाएँ नहीं ढूँढ़ता और न ही अनुप्रास का अन्वेषण करता है; बल्कि उसे उन प्रश्नों से दिलचस्पी है, जिनसे समाज या व्यक्ति प्रभावित होते हैं। उसकी उत्कृष्टता की वर्तमान कसौटी अनुभूति की वह तीव्रता है, जिससे वह हमारे भावों और विचारों में गति पैदा करता है।

—प्रगतिशील लेखक संघ के लखनऊ अधिवेशन में दिए गए भाषण से उद्धृत।

❋❋❋

अब हमारी साहित्यिक रुचि कुछ परिष्कृत हो गई है। हम हर एक विषय की भाँति साहित्य में भी बौद्धिकता की तलाश करते हैं। अब हम किसी राजा की अलौकिक वीरता या रानी के हवा में उड़कर राजा के पास पहुँचने अथवा भूत-प्रेतों के काल्पनिक चरित्रों को देखकर प्रसन्न नहीं होते। हम उन्हें यथार्थ के काँटे पर तौलते हैं और जौ भर भी इधर-उधर नहीं देखना चाहते। आजकल के उपन्यासों और आख्यायिकाओं में अस्वाभाविक बातों के लिए गुंजाइश नहीं है। उनमें हम अपने जीवन का ही प्रतिबिंब देखना चाहते हैं। उसके एक-एक वाक्य को, एक-एक पात्र को यथार्थ के रूप में देखना चाहते हैं। उनमें जो कुछ भी हो, वह इस तरह लिखा जाए कि साधारण बुद्धि उसे यथार्थ समझे। घटना वर्तमान कहानी या उपन्यास का मुख्य अंग नहीं है। उपन्यासों में पात्रों का केवल बाह्य रूप देखकर हम संतुष्ट नहीं होते। हम उनके मनोगत भावों तक पहुँचना चाहते हैं और लेखक मानवीय हृदय के रहस्यों को खोलने में सफल होता है। उसी की रचना सफल समझी जाती है। हम केवल इतने से ही संतुष्ट नहीं होते कि अमुक

व्यक्ति ने अमुक काम किया। हम देखना चाहते हैं कि किन मनोभावों से प्रेरित होकर उसने यह काम किया, अतएव मानसिक द्वंद्व वर्तमान उपन्यास या गल्प का खास अंग है।

—'कुछ विचार' नामक पुस्तक के पाठ 'कहानी कला-3' से उद्धृत।

❁❁❁

साहित्य में जब कोई ऐसी वस्तु सम्मिलित हो जाती है, जो उसके रस-प्रवाह में बाधक होती है तो वहीं साहित्य में दोष का प्रवेश हो जाता है। उसी तरह जैसे संगीत में कोई बेसुरी ध्वनि उसे दूषित कर देती है।

—'साहित्य का उद्देश्य' नामक पुस्तक के पाठ 'साहित्य का आधार' से उद्धृत।

❁❁❁

सियासत और साहित्य

राजनीति के पंडितों ने कौम को जिस दुर्दशा में डाल दिया है, वह आप और हम सभी जानते हैं। अभी तक साहित्य के सेवकों ने भी किसी-न-किसी रूप में राजनीति के पंडितों को अगुआ किया है और उनके पीछे-पीछे चले हैं; पर अब साहित्यकारों को अपने विचार से काम लेना पड़ेगा।

—आर्यभाषा सम्मेलन के वार्षिकोत्सव पर दिए गए भाषण से उद्धृत।

❁❁❁

सुधार

सुधार जिस अवस्था में हो, उससे अच्छी अवस्था आने की प्रेरणा हर आदमी में मौजूद रहती है। हमारे अंदर जो कमजोरियाँ हैं, वे मर्ज की तरह हमसे चिपटी हुई हैं। जैसे शारीरिक स्वास्थ्य एक प्राकृतिक बात है और रोग उसका उलटा, उसी तरह नैतिक और मानसिक स्वास्थ्य भी प्राकृतिक बात है; और हम मानसिक तथा नैतिक गिरावट से उसी तरह संतुष्ट नहीं रहते, जैसे कि कोई रोगी अपने रोग से संतुष्ट नहीं रहता।

जैसे वह सदा किसी चिकित्सक की तलाश में रहता है, उसी तरह हम भी इस फिक्र में रहते हैं कि किसी तरह अपनी कमजोरियों को परे फेंककर अधिक अच्छे मनुष्य बनें।

—प्रगतिशील लेखक संघ के लखनऊ अधिवेशन में दिए गए भाषण से उद्धृत।

❁❁❁

आजकल सुधार-सुधार के घोर नाद से सारा वायुमंडल निनादित हो रहा है। कहीं पुलिस के सुधार की चर्चा हो, कहीं कारागारों की, कहीं न्यायालयों की, कहीं सामाजिक प्रथाओं की तो कहीं शिक्षा-पद्धति के सुधार की।

—'साहित्य का उद्देश्य' नामक पुस्तक के अध्याय 'उपन्यास-रचना' से उद्धृत।

❁❁❁

सौंदर्य

प्रश्न यह है कि सौंदर्य है क्या वस्तु? प्रकटतः यह प्रश्न निरर्थक-सा मालूम होता है, क्योंकि सौंदर्य के विषय में हमारे मन में कोई शंका या संदेह नहीं। हमने सूरज का उगना और डूबना देखा है, उषा और संध्या की लालिमा देखी है, सुंदर-सुगंध भरे फूल देखे हैं, मीठी बोलियाँ बोलनेवाली चिड़ियाँ देखी हैं, कल-कल निनादिनी नदियाँ देखी हैं, नाचते हुए झरने देखे हैं। यही सौंदर्य है।

—प्रगतिशील लेखक संघ के लखनऊ अधिवेशन में दिए गए भाषण से उद्धृत।

❁❁❁

स्वाध्याय

स्वाध्याय से उपन्यासकार को बड़ी मदद मिलती है। स्वाध्याय मनुष्य को संपूर्ण बना देता है।

❁❁❁

स्वाध्याय का उद्देश्य यह नहीं होना चाहिए कि किसी कुशल लेखक

के भाव और विचार उड़ाए जाएँ, बल्कि अपने भावों एवं विचारों की अन्य लेखकों से तुलना की जाए और उससे अच्छी रचना करने के लिए अपने आपको प्रोत्साहित किया जाए।

—'साहित्य का उद्देश्य' नामक पुस्तक के अध्याय 'उपन्यास-रचना' से उद्धृत।

❁❁❁

हिंदी

हिंदी के विकास से पहले ब्रज भाषा ही हमारी साहित्यिक भाषा थी और प्राय: उन सभी प्रदेशों में, जहाँ आज हिंदी का प्रचार है, पहले ब्रज भाषा का प्रचार था। अवध में और काशी में भी कवि लोग अपने कवित्त ब्रज भाषा में ही कहते थे। यहाँ तक कि गया में भी ब्रज भाषा का प्रचार था।

❁❁❁

यकायक ब्रज भाषा, अवधी, भोजपुरी आदि को पीछे हटाकर हिंदी कैसे सबके ऊपर गालिब आई, यहाँ तक कि अब अवधी और भोजपुरी का तो साहित्य में कहीं व्यवहार ही नहीं है। हाँ, ब्रज भाषा को अभी तक थोड़े से लोग सीने से चिपटाए हुए हैं। हिंदी को यह गौरव प्रदान करने का श्रेय मुसलमानों को है। मुसलमानों ही ने दिल्ली प्रांत की इस बोली को, जिसको उस वक्त तक भाषा का पद नहीं मिला था, व्यवहार में लाकर उसे दरबार की भाषा बना दिया और दिल्ली के उमरा और सामंत जिन प्रांतों में गए, हिंदी भाषा को साथ लेते हुए। उन्हीं के साथ वह दक्खिन में पहुँची और उसका बचपन दक्खिन में ही गुजरा। दिल्ली में बहुत दिनों तक अराजकता का जोर रहा और भाषा को विकास का अवसर नहीं मिला। और दक्खिन में वह पलती रही। गोलकुंडा, बीजापुर, गुलबर्गा आदि के दरबारों में इसी भाषा में शेर-ओ-शायरी होती रही है।

❁❁❁

आपको शायद मालूम होगा कि हिंदी की सबसे पहली रचना खुसरो ने की है, जो मुगलों से भी पहले खिलजी राजकाल में हुए।

❁❁❁

मुसलमानी जमाने में अवश्य ही हिंदी के तीन रूप होंगे—एक नागरी लिपि में ठेठ हिंदी, जिसे भाषा या नागरी कहते थे, दूसरी उर्दू यानी फारसी लिपि में लिखी हुई फारसी से मिली हुई हिंदी और तीसरी ब्रजभाषा। लेकिन हिंदी भाषा को मौजूदा सूरत में आते-आते सदियाँ गुजर गईं। यहाँ तक कि सन् 1803 से पहले का कोई ग्रंथ नहीं मिलता। सदल मिश्र की 'चंद्रावती' का रचना काल वर्ष 1803 माना जाता है और सदल मिश्र ही हिंदी के आदि लेखक ठहरते हैं। इसके बाद लल्लूजी, सैयद इंशा अल्लाह खाँ वगैरह के नाम हैं।

—वार्षिक आर्यभाषा सम्मेलन, लाहौर में दिए गए भाषण से उद्धृत।

❁❁❁

हिंदी और उर्दू

आज हिंदी और उर्दू दो अलग-अलग जबानें हो गई हैं। एक तरफ हमारे मौलवी साहब अरबी और फारसी के शब्द भरते जाते हैं, तो दूसरी ओर पंडितगण संस्कृत और प्राकृत के शब्द ठूँस रहे हैं, जिससे दोनों ही भाषाएँ जनता से दूर होती जा रही हैं।

❁❁❁

हिंदुओं की अच्छी-खासी तादाद अभी तक उर्दू पढ़ती जा रही है, लेकिन उनकी तादाद दिन-प्रतिदिन घट रही है। मुसलमानों ने हिंदी से कोई सरोकार करना छोड़ दिया, तो क्या यह तय समझ लिया जाए कि उत्तर भारत में उर्दू और हिंदी दो अलग-अलग भाषाएँ रहेंगी? उन्हें अपने-अपने ढंग एवं अपनी-अपनी संस्कृति के अनुसार बढ़ने दिया जाए? उनको मिलाने की और इस तरह उन दोनों की प्रगति को रोकने

की कोशिश न की जाए या फिर ऐसा संभव है कि दोनों भाषाओं को इतना समीप लाया जाए कि उनमें लिपि के सिवा कोई भी अंतर न रहे? बहुमत पहले निश्चय की ओर है। हाँ, कुछ थोड़े से लोग ऐसे भी हैं, जिनका खयाल है कि दोनों भाषाओं में एकता लाई जा सकती है और इस बढ़ते हुए अंतर को रोका जा सकता है; लेकिन उनकी आवाज नक्कारखाने में तूती की आवाज है। ये लोग हिंदी और उर्दू नामों का व्यवहार नहीं करते, क्योंकि दो नामों का व्यवहार उनके भेद को और मजबूत करता है। ये लोग दोनों को एक ही नाम से पुकारते हैं और वह है 'हिंदुस्तानी'।

❁❁❁

चूँकि उर्दू जबान अरसे से अदालती और सभ्य समाज की भाषा रही है, इसलिए उसमें हजारों फारसी और अरबी के शब्द इस तरह घुल-मिल गए हैं कि वज्र देहाती भी इनका मतलब समझता है। ऐसे शब्दों को अलग करके हिंदी में विशुद्धता लाने का जो प्रयास किया जा रहा है, हम उसे जबान और कौम दोनों ही के साथ अन्याय समझते हैं। इसी तरह हिंदी या संस्कृत या अंग्रेजी के बिगड़े हुए शब्द उर्दू में मिल गए। उनको चुन-चुनकर निकालने और उनकी जगह खालिस अरबी और फारसी के शब्दों के इस्तेमाल को भी उतना ही ऐतराज के लायक समझते हैं। दोनों तरफ से इस अलगोजे का सबब शायद यही है कि हमारा पढ़ा-लिखा समाज जनता से ही अलग होता जा रहा है और उसे इसकी खबर ही नहीं कि जनता किस तरह अपने भावों और विचारों को अदा करती है।

—वार्षिक आर्यभाषा सम्मेलन, लाहौर में दिए गए भाषण से उद्धृत।

❁❁❁

देश में ऐसे आदमियों की संख्या कम नहीं है, जो उर्दू और हिंदी की अलग-अलग और स्वतंत्र उन्नति व विकास के मार्गों में बाधक नहीं होना चाहते। उन्होंने यह मान लिया है कि आरंभ में इन दोनों के स्वरूपों

में चाहे जो कुछ एकता और समानता रही हो, लेकिन फिर भी इस समय दोनों-की-दोनों जिस रास्ते पर जा रही हैं, उसे देखते हुए इन दोनों में मेल और एकता होना असंभव ही है। प्रत्येक भाषा की एक प्राकृतिक प्रवृत्ति होती है। उर्दू का फारसी और अरबी के साथ स्वाभाविक संबंध है। उनकी यह प्रवृत्ति हम किसी शक्ति से रोक नहीं सकते। फिर, इन दोनों को आपस में मिलाने का प्रयत्न करके हम क्यों व्यर्थ इन दोनों को हानि पहुँचाएँ?

❁❁❁

वास्तव में उर्दू और हिंदी की उन्नति में जो बात बाधक है, वह उनका वैशिष्ट्य-प्रेम है। हम चाहे उर्दू लिखें या हिंदी, जनसाधारण के लिए नहीं लिखते, बल्कि एक परिमित वर्ग के लिए लिखते हैं। यही कारण है कि हमारी साहित्यिक रचनाएँ जनसाधारण को प्रिय नहीं होतीं। यह बात बिलकुल ठीक है कि किसी देश में भी लिखने और बोलने की भाषाएँ एक नहीं हुआ करतीं। जो अंग्रेजी हम किताबों और अखबारों में पढ़ते हैं, वह कहीं बोली नहीं जाती। पढ़े-लिखे लोग भी उस भाषा में बातचीत नहीं करते, जिस भाषा में ग्रंथ और समाचार-पत्र लिखे जाते हैं।

❁❁❁

हमारे हिंदीवाले इस बात पर तुले हुए हैं कि हम हिंदी से भिन्न भाषाओं को हिंदी में किसी तरह घुसने नहीं देंगे। उन्हें 'मनुष्यत्व' से तो प्रेम है, लेकिन 'आदमी' से पूरी-पूरी घृणा है। यद्यपि 'दरख्वास्त' जनसाधारण में भली-भाँति प्रचलित है, लेकिन फिर भी उनके यहाँ इसके प्रयोग वर्जित हैं। इसके स्थान पर वे प्रार्थना-पत्र ही लिखना चाहते हैं, जबकि जनसाधारण बिलकुल भी इनका अर्थ नहीं समझता। 'इस्तीफा' को वे किसी भी तरह मंजूर नहीं कर सकते और इसके स्थान पर 'त्याग- पत्र' रखना चाहते हैं। 'हवाई जहाज' कितना ही सुबोध क्यों न हो, लेकिन उन्हें 'वायुयान' की सर ही पसंद है। उर्दूवाले तो इस पर और भी लट्टू हैं। वे 'खुदा' को तो मानते हैं, लेकिन 'ईश्वर' को नहीं मानते। 'कुसूर' तो वे बहुत से कर सकते हैं, लेकिन

'अपराध' कभी नहीं कर सकते। 'खिदमत' तो उन्हें बहुत पसंद है, लेकिन 'सेवा' उन्हें एक आँख भी नहीं भाती है। इसी तरह हम लोगों ने उर्दू और हिंदी के दो अलग-अलग कैंप बना लिये हैं और मजाल नहीं कि एक कैंप का आदमी दूसरे कैंप में पैर भी रख सके।

❁❁❁

बोलचाल की हिंदी समझने में न तो मुसलमानों को ही कठिनाई होती है और न बोलचाल की उर्दू समझने में हिंदुओं को ही कोई कठिनाई होती है। बोलचाल की हिंदी और उर्दू प्राय: एक जैसी ही हैं। हिंदी के जो शब्द साधारण पुस्तकों और समाचार-पत्रों में व्यवहृत होते हैं और पंडितों के भाषण में भी आ जाते हैं, उनकी संख्या दो हजार से अधिक नहीं होगी। क्या उर्दू के वर्तमान कोशों में दो हजार हिंदी शब्द और हिंदी के कोशों में दो हजार उर्दू शब्द नहीं बढ़ाए जा सकते और इस प्रकार हम एक मिश्रित की सृष्टि नहीं कर सकते? क्या हमारी स्मरण-शक्ति पर यह भार असह्य होगा? हम अंग्रेजी के असंख्य शब्द याद कर सकते हैं और वह भी केवल एक अस्थायी आवश्यकता की पूर्ति करने के लिए, तो फिर क्या हम एक स्थायी उद्देश्य की सिद्धि के लिए थोड़े से शब्द भी याद नहीं कर सकते?

❁❁❁

जो लोग उर्दू और हिंदी को अलग-अलग करना चाहते हैं, उनका यह कहना एक बहुत बड़ी सीमा तक ठीक है कि मिश्रित भाषा में किस्से, कहानियाँ और नाटक आदि तो लिखे जा सकते हैं, लेकिन विज्ञान और साहित्य के उच्च विषय उसमें नहीं लिखे जा सकते। वहाँ तो विवश होकर फारसी और अरबी के शब्दों से भरी हुई उर्दू और संस्कृत के शब्दों से भरी हुई हिंदी का व्यवहार आवश्यक हो जाएगा। विज्ञान और विद्या संबंधी विषय लिखने के लिए सबसे बड़ी आवश्यकता उपयुक्त पारिभाषिक शब्दों की होती है और पारिभाषिक शब्दों के लिए हमें विवश होकर अरबी और संस्कृत के असीम शब्द-भंडारों से सहायता

लेनी पड़ेगी। इस समय प्रत्येक प्रांतीय भाषा अपने लिए अलग-अलग पारिभाषिक शब्द तैयार कर रही है। उर्दू में भी विज्ञान संबंधी पारिभाषिक शब्द बनाए गए हैं और अभी यह क्रम चल रहा है।

—'साहित्य और उद्देश्य' पुस्तक के अध्याय 'उर्दू, हिंदी और हिंदुस्तानी' से उद्धृत।

❁❁❁

उर्दू और हिंदी में क्यों इतना सौतिया डाह है, यह मेरी समझ में नहीं आता। अगर एक समुदाय के लोगों को 'उर्दू' का नाम प्रिय है तो उन्हें उसका इस्तेमाल करने दीजिए। जिन्हें 'हिंदी' नाम से प्रेम है, वे हिंदी ही कहें। इसमें लड़ाई किस बात की? एक चीज के दो नाम देकर ख्वामखाह आपस में लड़ना और उसे इतना महत्त्व देना कि वह राष्ट्र की एकता में बाधक हो जाए, यह मनोवृत्ति रोगी और दुर्बल मन की है।

❁❁❁

मुसलमान दोस्तों से भी मुझे कुछ अर्ज करने का हक है, क्योंकि मेरी सारी जिंदगी उर्दू की सेवा करते हुए गुजरी है और आज भी मैं जितनी उर्दू लिखता हूँ, उतनी हिंदी नहीं लिखता। कायस्थ होने और बचपन से फारसी का अभ्यास करने के कारण उर्दू मेरे लिए जितनी स्वाभाविक है, उतनी हिंदी नहीं है। मैं पूछता हूँ कि आप हिंदी को क्यों गरदनजदनी समझते हैं? आपको मालूम है कि नहीं? और नहीं है तो होना चाहिए कि हिंदी का पहला शायर, जिसने हिंदी का साहित्यिक बीज बोया, वह अमीर खुसरो था। क्या आपको मालूम है कि कम-से-कम पाँच सौ मुसलमान शायरों ने हिंदी को अपनी कविता से धनी बनाया है, जिनमें कई तो चोटी के शायर हैं? क्या आपको मालूम है कि अकबर, जहाँगीर और औरंगजेब तक हिंदी कविता का शौक रखते थे और औरंगजेब ने ही आमों के नाम 'रसना-विलास' और 'सुधा रस' रखे थे? क्या आपको मालूम है कि आज भी हसरत और हफीज जैसे कवि कभी-कभी हिंदी में तबाआजमाई

करते हैं? क्या आपको मालूम है कि हिंदी में हजारों शब्द, हजारों क्रियाएँ अरबी और फारसी से आई हैं और ससुराल में आकर घर की देवी हो गई हैं? अगर यह मालूम होने पर भी आप हिंदी को उर्दू से अलग समझते हैं तो आप देश के साथ और अपने साथ नाइनसाफी करते हैं।

❁❁❁

'उर्दू' शब्द कहाँ और कब उत्पन्न हुआ, इसकी कोई तारीखी सनद नहीं मिलती। क्या आप समझते हैं, 'यह बड़ा खराब आदमी है' और 'वह बड़ा दुर्जन मनुष्य है'—दो अलग भाषाएँ हैं? हिंदुओं को 'खराब' भी अच्छा लगता है और 'आदमी' तो अपना भाई है ही। फिर मुसलमान को 'दुर्जन' क्यों बुरा लगे और 'मनुष्य' क्यों शत्रु-सा दिखे? हमारी कौमी भाषा में दुर्जन और सज्जन, उम्दा और खराब दोनों के लिए स्थान है। वहाँ तक, जहाँ तक कि उसकी सुबोधता में बाधा नहीं पड़ती। इसके आगे न हम उर्दू के दोस्त हैं और न हिंदी के। मजा यह है कि 'हिंदी' मुसलमानों का दिया हुआ नाम है और अभी पचास साल पहले तक जिसे उर्दू कहा जा रहा है, उसे मुसलमान भी 'हिंदी' कहते थे और आज 'हिंदी' मरदूद है।

—29 दिसंबर, 1934 को दक्षिण भारत हिंदी प्रचार सभा, मद्रास में दिए गए दीक्षांत भाषण से उद्धृत।

❁❁❁

मेरे खयाल में, हिंदी और उर्दू दोनों एक ही जबान हैं। क्रिया और कर्ता, फेल और फाइल जब एक हैं तो उनके एक होने में कोई संदेह नहीं हो सकता। उर्दू वह हिंदुस्तानी जबान है, जिसमें फारसी-अरबी के लफ्ज ज्यादा हों। उसी तरह हिंदी वह हिंदुस्तानी है, जिसमें संस्कृत के शब्द ज्यादा हों।

❁❁❁

हिंदी में एक फरीक ऐसा है, जो यह कहता है कि चूँकि हिंदुस्तान की सभी सूबेवाली भाषाएँ संस्कृत से निकली हैं और उनमें संस्कृत के

शब्द अधिक हैं, इसलिए हिंदी में हमें अधिक-से-अधिक संस्कृत के शब्द लाने चाहिए, ताकि अन्य प्रांतों के लोग उसे आसानी से समझें। उर्दू की मिलावट करने से हिंदी का कोई फायदा नहीं।

❁❁❁

हिंदी में हम उर्दू के शब्दों को बिना तकल्लुफ स्थान देते हैं, लेकिन उर्दू के लेखक संस्कृत के मामूली शब्दों को भी अंदर नहीं देते। वे चुन-चुनकर हिंदी की जगह फारसी और अरबी के शब्दों का इस्तेमाल करते हैं।

—27 अक्तूबर, 1934 को राष्ट्रभाषा सम्मेलन, बंबई में दिए भाषण से उद्धृत।

❁❁❁

हिंदुस्तानी

हिंदुस्तानी को व्यावहारिक रूप देने के लिए दूसरी तदबीर यह है कि मैट्रिकुलेशन तक उर्दू और हिंदी हर एक छात्र के लिए लाजिमी कर दी जाए। इस तरह, हिंदुओं को उर्दू में और मुसलमानों को हिंदी में काफी महारत हो जाएगी और अज्ञानता के कारण जो बदगुमानी और संदेह है, वह भी दूर हो जाएगा।

❁❁❁

जब हिंदुस्तानी कौमी जबान है, क्योंकि किसी-न-किसी रूप में यह पंद्रह-सोलह करोड़ आदमियों की भाषा है, तो यह भी आवश्यक है कि हिंदुस्तानी जबान में ही हमें भारतीय साहित्य की सर्वश्रेष्ठ रचनाएँ पढ़ने को मिलें। आप जानते हैं कि हिंदुस्तानी में बारह उन्नत भाषाएँ हैं और उनके साहित्य हैं। उन साहित्यों में जो कुछ संग्रह करने लायक है, वह हमें हिंदुस्तानी जबान में ही मिलना चाहिए।

—आर्यभाषा सम्मेलन के वार्षिकोत्सव पर दिए गए भाषण से उद्धृत।

❁❁❁

अगर हम 'समाज-विरोधी' की जगह 'समाज को नुकसान पहुँचानेवाले', 'अभियोग' की जगह 'जुर्म', 'गुप्तचर' की जगह 'मुखबिर', 'श्रेणी' की जगह 'दर्जा', 'दुर्नीत' की जगह 'बुराई' लिखें तो वह सरल और सुबोध हो जाती है और हम उसे 'हिंदुस्तानी' कह सकते हैं।

—27 अक्तूबर, 1934 को राष्ट्रभाषा सम्मेलन, बंबई में दिए गए भाषण से उद्धृत।

❁❁❁

हुक्म

महाराज का हुक्म लोग इसलिए मानते हैं कि उससे उपकार की आशा या हानि का भय होता है।

—कथा-संग्रह 'मानसरोवर-7' की कहानी 'जेल' से उद्धृत।

□□□